교사교육과정

교사교육과정

펴 낸 날/ 초판1쇄 2020년 12월 24일
          초판2쇄 2021년 10월 20일
지 은 이/ 교사교육과정연구회

펴 낸 곳/ 도서출판 기역
펴 낸 이/ 이대건
편   집/ 책마을해리

출판등록/ 2010년 8월 2일(제313-2010-236)
주   소/ 전북 고창군 해리면 월봉성산길 88 책마을해리
          경기도 파주시 회동길 363-8, 407호
문   의/ (대표전화)070-4175-0914, (전송)070-4209-1709

ⓒ 교사교육과정연구회, 도서출판 기역, 2020

ISBN 979-11-91199-07-9 03370

이 도서의 국립중앙도서관 출판예정도서목록(CIP)은 서지정보유통지원시스템 홈페이지(http://seoji.nl.go.kr)와
국가자료종합목록 구축시스템(http://kolis-net.nl.go.kr)에서 이용하실 수 있습니다. (CIP제어번호 : CIP2020052549)

교사교육과정

교육과정 개발자로서 교사

교사교육과정연구회 지음

ㄱ

일상의 경험과 실천을 담아내는 그릇,
교사교육과정

당연한 것들이 당연하지 않은 요즘입니다.

이는 우리가 일상에서 미처 느끼지 못했던 '당연한 것'들이 사실은 우리에게 얼마나 소중한 것이었는지 다시 한 번 생각하도록 합니다. 학생의 웃음이 사라진 학교는 활기를 잃었고, 학생의 말소리가 사라진 학교는 온기를 잃었습니다.

그러나 이렇게 어려운 상황은 우리로 하여금 학생들에게 학교는 어떤 장소가 되어야 하며, 우리는 학생들에게 과연 무엇을 가르쳐야 하는지를 다시 한 번 돌아볼 수 있는 시간을 마련해 주었습니다.

그 결과, 학교라는 장소는 학생이 무엇을 배우러 오는 곳 이전에, 그저 지금의 삶을 살아가는 장소였고, 이에 우리는 학생들에게 무엇인가를 가르치기 이전에, 우리 학생들은 지금 어떤 삶을 살아가는지에 주목해야 한다는 사실을 깨달았습니다.

그리고 교실에서 실행되는 교육과정 안에 학생의 삶을 고려하고, 담을 수 있는 유일한 존재 역시 교사라는 사실 또한 깨닫게 되었습니다.

그러나 대부분의 교사들이 일상에서 고민하고, 실행하는 교육과정 안에는 이미 학생이 들어와 있었습니다. 다만, 이러한 교사의 교육과정을 바라보는 사람들이 '학생'의 존재에 주목하지 않았을 뿐입니다.

이제 우리는 교실 속 교사의 이야기에 귀를 기울여보고자 합니다. 그 안에는 어떤 학생들이 살아가며, 교사는 그러한 학생들의 삶을 어떤 교육과정으로 만들어 풀어나가고 있는지를 들어보고자 합니다.

이는 교사들에게는 자신이 실행하는 교육과정 안에 자신도 모르는 사이에 얼마나 많은 학생의 삶이 들어와 있었는지 돌아볼 수 있는 시간이 되고, 연구자들에게는 실제 교사가 실행하는 교육과정의 모습은 어떠한지, 그리고 그 안에서 교사는 어떤 고민을 하고 있는지를 보다 실제적으로 탐구해볼 수 있는 시간이 될 수 있을 것이라 생각합니다.

이처럼 교사교육과정은 어떤 특별한 교사가 아닌 보통의 평범한 교사들이 일상에서 경험하고 실천하는 교육적 활동을 담아내는 그릇입니다. 그 안에는 학생의 삶이나 흥미, 소질 등이 담기기도 하며, 때로는 교사의 경험과 철학 등이 담기기도 합니다.

이제 그동안 당연히 존재해왔지만, 주목받지 못해온 교사와 학생의 교실 속 이야기를 교육과정의 관점에서 바라봄으로써, 교사교육과정 또한 학교, 그리고 교실 속에 분명히 실존하고 있는 교육과정 현상임을 밝혀보고자 합니다. 나아가 이를 통해 교사와 학생 또한 당연히 독자적인 교육과정 담론을 형성해 나갈 수 있는 주체가 될 수 있음을 함께 확인해보고자 합니다.

코로나19(COVID-19)라는 어려운 상황 속에서도 언제나 학생을 놓지 않는 전국의 교사들을 그리고 언제나 배움의 끈을 놓지 않는 학생들을 응원합니다.

2020년 12월

교사교육과정연구회

교사가 사는 세상을 보여주는 소중한 손짓, 교사교육과정 이야기

2020년 코로나19는 우리 삶에 여러 흔적들을 남기고 있습니다. 우리가 늘 해오던 일들을 통제하고, 자제시키면서 우리의 일상을, 우리가 늘 하던 일들을 그리워하게 만들고 있습니다. 교사의 일상이라면, 그것은 바로 '수업'을 하는 일이었습니다. 매일 아침 눈을 뜨면, 학교에 출근하고, 교실 속에서 학생들과 수업을 하는 일이었습니다. 교사에게 수업은 늘 해야만 하는 일이었기에, 때로는 하기 싫다는 생각도 하고, 때로는 대충해버린 적도 있었습니다.

2020학년도 학교의 시계는 움직이기 시작했지만, 학생들은 등교하지 않았습니다. 이 상황은 모두에게 낯설고, 당황스러웠습니다. 시간이 지날수록 '그래도 수업은 해야 할 텐데, 어떻게 하면 좋을까?' 단연 수업과 관련한 걱정들이 시작되었습니다. 사람들은 재택근무를 하기 시작했고, 교사는 '비대면 수업'을 시작했습니다. 학생이 오지 않는 학교에서 학교교육을 지탱하는 이 일이 곧 끝날 줄 알았지만, 가다오다를 몇 번이나 반복하는 사이에 한 학기, 다시 또 한 학기로 이어지며 이 끝은 더욱 길어지고 있습니다. 유럽 어느 나라 발 신문에 실린 '학생과 학교 없는 교육을 상상한다'는 기사 제목처럼 예상했지만, 예상보다 더 빠르게 다가온 변화를 현실로 실감합니다.

이처럼 역동적으로 변화하는 상황 속에서 교사의 역할은 더 이상 '수업 잘하기'에 머무를 수 없다는 생각을 합니다. 이제 세상은 교사에게 교실에서 마주하는 다발적인 상황에 '딱' 맞는 수업을 할 것을 요구하고 있습니다. 누군가 대량생산하듯이 만들어 보급하는 수업을 잘 하는 것은 이처럼 역동적인 변화에 적응하기가 점점 힘들어질 것입니다. 교사가 있는 그곳에서, 그곳의 학생들이 지속적으로 교육을 받을 수 있도록 하기 위해서는 이제 교사들은 그곳에서 그곳의 학생들에게 가장 적확한 수업을 만들어서 해야만 하는 시간이 오고 있습니다. 이제 교사가 일상으로 해 온 '수업하기'의 무게중심을 이제는 '수업 만들기'로, '수업 만들어서 하기'로 옮겨야 할 때입니다.

이런 점에서 '교사교육과정'이라는 제목을 달고 나온 이 책은 시의적
절해 보입니다. 교사교육과정이라는 말로 교사들에게 이제는 교사로
서 자신의 교육과정을 개발해야 한다는 메시지를 전하고 있기 때문입
니다. 1장, '교사, 교육과정을 만들다', 2장 '교사, 교육과정으로 말하다',
3장, '교사, 교육과정으로 살아가다'로 명명한 장 제목만으로도 확인할
수 있듯이, 교사는 교육과정을 만들고 그래서 교사가 하는 일을 수업
을 넘어서 교육과정으로 말하고, 그렇게 살아가며, 교사라는 존재 그리
고 교사가 사는 세계를 온전히 하려는 의지를 읽을 수 있었습니다.

이 책에서 들려주는 이야기 속에서도 확인할 수 있듯이, 이 책의 저자
들은 교실에서 학생들을 가르치며 살아가는 평범한 선생님들입니다. 이
러한 평범한 선생님들조차도 아직은 평범하게만은 보이지 않는 이런 책
쓰기를 통해서 교사가 사는 세상을 보여주는 이런 손짓을 소중하고 고
맙게 여기며, 박수를 보냅니다.

한국교원대학교 교수 정광순

| 차례 |

교사,
교육과정을 만들다

1장

Teacher as
Curriculum Maker

1. 교사가 가르치는 것

선생님은 오늘 무엇을 가르쳤나요?

내가 오늘 가르친 것을 자유롭게 써 봅시다.

선생님의 수업 안에는 다음 중 어떤 것이 담겨 있나요?

(자신의 수업 안에 담겨 있는 것을 색칠해봅시다.)

학생이 원하는 배움

학생에게 필요한 배움

교사의 수업 안에 학생이 고려되지 않는 것이 가능할까? 다만, 어떤 수업 안에는 학생이 원하는 배움이 더 많이 담겨 있을 수도 있고, 다른 어떤 수업 안에는 학생에게 필요한 배움이 더 많이 담겨 있을 뿐이다.

그렇지만 여전히 많은 교사들은 수업을 만들 때, 그리고 수업을 하는 순간에도 수차례 고민의 순간에 직면한다.

학생이 배우고 싶은 것을 가르쳐야 할까?

학생이 배워야만 하는 것을 가르쳐야 할까?

우리나라는 국가교육과정 체제를 유지하고 있는 국가로서, 국·공립 학교에 근무하는 교사라면 누구나 국가교육과정을 가르쳐야 하는 법률적 의무를 갖는다. 더불어, 학교라는 공간은 학생의 배움과 성장을 추구하는 장소라는 점에서 교사는 학생이 원하는 배움 또한 충족시켜주어야 하는 교육적 의무도 함께 갖는다. 이처럼 교사는 학생이 배워야만 하는 것을 가르쳐야 하는 법률적 의무와 학생이 배우고 싶은 것도 가르쳐야 하는 교육적 의무를 지님에도 불구하고, 그동안 많은 사람들은 교사에게 교육적 의무보다는 법률적 의무를 강조해왔다. 그 결과 우리나라는 국제학업성취도평가(PISA)에서는 꾸준히 높은 수준의 학업 성취도를 기록할 수 있지만, 학생들의 학교생활 만족도는 평가에 참여한 79개국 가운데 65위를 기록할 정도로 낮은 수준을 면하지 못하였다.

법률적 의무와 교육적 의무 중 어느 것이 더 중요하고, 어느 것이 덜 중요하다고 말할 수는 없다. 그러나 교사와 학생에게 학교라는 장소는 오랜 기간 학생이 원하는 배움보다는 학생에게 필요한 배움을 더 중요시하는 곳이었다. 그 결과 학생에게 학교는 자신이 원하는 것을 배울 수 있는 장소가 아닌, 그저 누군가가 정해놓은 것들을 배워야만 하는 장소가 되어버렸다. 교사에게 학교는 자신의 경험과 철학, 그리고 마주하는 학생들에게 최선의 교육적 경험을 고민하고 제공하는 장소가 아닌, 그저 주어지는 것들을 충실하게 가르치는 장소가 되었다.

그럼에도 불구하고 학교는 꾸준히 변화해왔다. 2000년대 초반 열린교육시대를 맞이하며, 교사는 성전과 같았던 교과서 안에 학생의 흥미와 수준을 담아 교과서를 재구성하기 시작했고, 2010년대 학교혁신 시대를 맞이하며 이제는 국가교육과정, 지역교육과정 등과 같이 교사에게 주어지는 교육과정 안에 학생의 삶을 담아 교육과정을 재구성하기 시작했다. 이처럼 학생에게 필요한 배움이 주가 되던 수업 안에 학생의 삶이 담기기 시작하며, 학생이 원하는 배움이 주목받기 시작했다.

우리나라는 국가교육과정 체제를 유지하고 있는 국가로서 우리나라 국민이라면 누구나 배워야 할 내용을 국가교육과정 안에, 그중에서도 교과별 성취기준 안에 담아낸다. 성취기준으로부터 출발한 한 A교사의 수업을 한 번 살펴보자.

> **[6수05-04]**
> 자료를 수집, 분류, 정리하여 목적에 맞는 그래프를 나타내고, 그래프를 해석할 수 있다.

A교사는 이 성취기준을 가르치기 위해, '우리 반 친구들의 마음 알아보기'라는 주제를 선정했고, 학생들은 교사가 정한 주제 안에서 자신이 배우고 싶은 작은 소주제를 결정했다. 그 결과 어떤 모둠은 우리 반 학생들이 좋아하는 아이돌을 학습주제로 선정했고, 다른 어떤 모둠은 우리 반 학생들이 좋아하는 유튜브 채널을 소주제로 선정했다. 이렇게 학생들은 자신의 모둠에서 선정한 소주제를 바탕으로 우리 반 학생들을 대상으로 설문조사를 실시하여, 그 결과를 표로 정리하고 그래프로 나타냈다. 그 결과 어떤 모둠은 조사한 결과를 막대그래프로 표현하기도 했고, 다른 어떤 모둠은 비율그래프로 표현하여 각 모둠이 조사한 결과를 발표했다. 각 모둠의 발표를 듣고, 우리 반 학생들은 다른 친구는 어떤 아이돌을 좋아했는지, 어떤 친구가 나와 같은 생각을 갖고 있었는지 등 서로의 마음을 더 잘 알 수 있는 기회를 가질 수 있었다.

일반적으로 성취기준이란 학생이 배워야만 하는 것을 의미한다. 그렇다면, 성취기준으로부터 출발한 A교사의 수업 안에는 학생이 배워야만 하는 것만이 담겨 있을까? A교사의 수업 안에는 아이돌, 유튜브 채널 등 학생들이 좋아하는 것, 다시 말해 학생의 흥미 역시 분명 담겨 있었다. 이처럼 학생이 배워야만 하는 것을 가르치기 위한 교사의 수업일지라도 그 안에는 반드시 교실 속 학생이 고려된다. 교사의 수업은 학생을 대상으로 그리고 학생이라는 맥락 안에서 이루어지기 때문이다.

이제 A교사와는 다른 지점으로부터 출발하는 B교사의 수업을 한 번 살펴보자.

따뜻한 봄바람이 가득한 4월의 어느 날, B교사의 반 학생들의 마음은 온통 운동장에 나가 있었다. 그래서 B교사는 학생들에게 운동장에 나가서 무엇을 하면 좋을지 함께 정해보자고 제안했다. 학생들이 제안한 다양한 의견 중 몇 가지를 추려서 설문조사를 실시하여 그래프로 결과를 정리해보기로 했다. 그 결과 수건돌리기를 하자는 의견이 가장 많이 나왔고, 학생들과 운동장에 나가서 즐겁게 수건돌리기를 했다.

B교사의 수업은 학생이 원하는 배움을 중심으로 만들어졌지만, 그 안에는 학생에게 필요한 배움 역시 공존한다. 학생은 운동장에 나가 함께 놀 수 있는 것들을 의사결정하는 과정에 참여했지만, 그 안에서 우

리 반 학생들이 원하는 놀이와 관련한 자료를 수집하고 정리하여 그래프로 표현하기도 했다. 이처럼 교사는 학생이 원하는 배움을 추구할지라도, 학교라는 공간 자체가 지닌 교육적 특성, 그리고 교사가 가진 교육적 의무로 인하여, 학생에게 유의미한 배움을 함께 추구하게 된다.

이처럼 교사의 수업 안에는 학생이 원하는 배움과 학생이 필요한 배움이 늘 공존한다. 그렇지만 많은 사람들은 오랜 기간 교사의 수업 안에 학생이 원하는 배움이 얼마나 담겨 있는가보다는 학생에게 필요한 배움이 얼마나, 그리고 어떻게 담겨 있는지를 주목해왔다. 이제는 교사의 수업 안에 공존하는 두 가지 배움 모두를 주목해야 한다.

선생님의 오늘 수업 안에는 무엇이 담겨 있었나요?

(자신의 수업 안에 담겨 있는 것을 색칠해 봅시다.)

학생의 흥미	학생의 수준	학생의 환경	학생의 적성

학생이 담기지 않는 혹은 학생이 고려되지 않는 수업이 가능할까? 이처럼, 교사의 수업 안에는 언제나 학생이 담긴다.

2. 교사와 학생을 담는 그릇, 교사교육과정

교사는 학생이 원하는 배움과 학생에게 필요한 배움을 조율할 수 있는 유일한 존재이다. 학생에게 필요한 배움이 무엇인지 제시할 수 있는 전문가는 많지만, 지금 교실에서 마주하는 학생들이 원하는 배움이 무엇인지 알 수 있는 사람은 오직 교사밖에 없기 때문이다.

교육과정에 대한 정의는 수도 없이 많지만, 가장 널리 쓰이는 보편적인 정의는 바로 '가르쳐야 할 것'을 나타낸다는 것이다. 다시 말해, 국가교육과정이란 국가 수준에서 학생들에게 가르칠 필요가 있다고 생각되는 내용을 담아 만든 교육과정을 의미하며, 지역교육과정이란 지역 수준에서 학생들에게 가르칠 필요가 있다고 생각되는 내용을 담아 만든 교육과정을 의미한다. 학교교육과정 역시도 학교 수준에서 우리 학교 학생들에게 가르칠 할 내용이 담긴 교육과정을 말한다. 다시 말해 교육과정이란 가르칠 내용을 담는 그릇이다.

교사 역시도 교실 속 학생들을 고려하여 가르칠 내용을 선정하고, 그러한 내용을 교육과정이라는 그릇 안에 담아 만들어낸다. 그리고 교사가 만드는 교육과정 안에 담기는 주된 요소가 바로 국가교육과정, 지역교육과정 등과 같이 교사에게 주어지는 교육과정이 함께 담긴다. 그러나 교사에게 주어지는 교육과정은 어디까지나 교실 속 학생을 고려한 교사의 교육적 판단에 따라 새로운 모습으로 변형된다. 가령, 국가교육과정 안에 담겨 있는 '비와 비율'이라는 내용은 학생의 흥미나 수준을 고려하여 '우리 반 황금비 콘테스트'라는 내용과 경험으로 전환되기도 하며, '민주 시민'이라는 내용은 지역이나 학교 여건 그리고 학생을 고려하여 '사회참여 프로젝트'라는 내용과 경험으로 전환되기도 한다. 이처럼 교사가 만드는 교육과정 안에는 교사가 가르쳐야만 하는 국가, 지역교육과정 등과 같이 주어진 교육과정도 담기지만, 이러한 것들은 교사의 경험과 철학, 그리고 학생의 흥미나 수준, 주변 환경 등을 종합적으로 고려하여 질적으로 다른 형태의 내용과 경험으로 전환되어 담긴다.

중요한 것은 교사 역시도 국가, 지역, 학교와 같이 교실 속에서 학생에게 가르칠 내용을 학생 경험의 형태로 생성하여 교육과정이라는 그릇 안에 담는다는 것이다. 이에 국가가 만드는 교육과정을 국가교육과정, 학교가 만드는 교육과정을 학교교육과정이라고 하듯이, 교사가 만드는 교육과정 역시 교사교육과정이라고 구분할 수 있을 것이다. 그리고 국가가 만드는 교육과정 안에는 교사와 학생이 고려할 수 없는 학문적 지식과 위계 등이 고려되듯이, 교사가 만드는 교육과정 안에는 국가, 지역 등이 고려할 수 없는 교사의 경험과 학생의 삶이 담긴다.

다시 말해, 교사가 만드는 교육과정이 바로 교사교육과정이다. 그리고 교사교육과정은 교사에게 주어지는 국가, 지역, 학교교육과정을 바탕으로 하되, 이러한 교육과정들은 교사의 경험과 철학, 학생의 흥미와 수준, 주변 환경 등이 종합적으로 고려되어 새로운 형태의 내용으로 전환되고, 이들은 학생에게 제공할 경험의 형태로 담긴다.

즉, 교사교육과정이란 교실 속 교사와 학생에게 가장 적확한 학습 경험이 담기는 그릇이다. 그렇기 때문에 교사가 달라지면, 혹은 교사가 마주하는 학생이 달라지면 그 그릇의 모양은 달라진다. 개별 교사가 갖고 있는 교육적 경험과 철학, 그리고 개별 학생이 갖고 있는 자신만의 흥미와 적성, 소질 등은 모두 같은 그릇에 담길 수 없기 때문이다.

국가교육과정은 우리나라 모든 교사에게 동일한 기준으로 주어져야 하기 때문에 그 모양을 같이 한다. 이런 관점에서 지역, 학교교육과정 역시 마찬가지이다. 이에 국가, 지역, 학교교육과정은 대체로 교육과정 문서로서의 모습을 보임으로써, 공통성을 확보한다. 반면, 교사교육과정은 이러한 공통성을 바탕으로 교실 속 교사와 학생에게 가장 적확한 형태, 최적의 모습을 띠어야 하기 때문에, 그것은 교사에 따라 그리고 학생에 따라 그 모습을 달리한다. 그 모습은 다른 교육과정들과 같이 문서의 모습일 수도 있으며, 때로는 수업의 모습일 수도 있고, 학생의 경험 그 자체로서의 모습일 수도 있다.

3. 교사, 교육과정을 만들다

국가교육과정은 2015 개정 교육과정과 같은 국가 수준의 법적 고시문 형태의 문서로서, 지역교육과정은 ○○지역교육과정과 같은 지역 수준의 법적 고시문 형태의 문서로서, 그리고 학교교육과정 역시 ○○학교교육과정과 같은 문서로서의 모습을 보인다. 그렇다면, 교사교육과정의 모습은 어떠한가?

교사교육과정은 문서로서의 모습을 보이기도 하지만, 문서로서의 모습을 보이지 않기도 한다. 교사교육과정은 실행 전에 만들어지기도 하지만 실행 중에도 만들어지기도 하고, 실행 후에 완성되기도 하기 때문이다. 교사교육과정은 다른 교육과정에서는 담을 수 없는 지금 교실에서 마주하는 학생을 고려하여 만들어진다. 실행 전에 만들어진 교육과정일지라도 그것이 지금 교실에서 마주하는 학생의 흥미에 적합하지 않다고 판단되면 학생의 흥미를 고려하여 일부 또는 전체가 조정될 수 있으며, 그것이 지금 교실에서 마주하는 학생의 수준에 적합하지 않다고 판단되면 역시, 학생의 수준에 적합하도록 일부 또는 전체가 조정될 수 있다. 이처럼 교사교육과정은 교실 속 학생의 다양성과 역동성을 반영하여 만들어지고, 실행된다.

그러나 많은 사람들은 여전히 교사교육과정이 국가, 지역, 학교교육과정과 같이 실체가 분명하지 않다는 이유로 그 존재를 의심하기도 한다. 그러나 교실에서 수업을 해 본 사람이라면 누구나 알고 있다. 교사의 수업은 실행 전에도 만들어지지만 실행 중에도 만들어지며, 국가, 지역, 학교교육과정 등 교사에게 주어진 교육과정의 내용을 가르칠지라도 그 내용은 교사의 수업 안에서 결국 새로운 내용으로 생성된다는 사실을.

열 명의 학생이 있는 교실에는 열 개의 서로 다른 배움이 존재한다는 말이 있듯이, 열 명의 교사는 열 개의 서로 다른 교육과정을 만들고 실행한다. 그렇기에 교사교육과정이란 '어떤 모습이다'라고 한마디로 정의하는 것은 불가능하며, 적절하지도 않다. 그렇지만 교사교육과정 역시 분명히 실재한다는 사실을 보여주기 위해서는 교사교육과정이라는 현상을 드러낼 수 있는 기준이 필요하다. 이에 우리는 교사가 일상에서 개발하고, 실행하는 교사교육과정의 모습 안에 공통적으로 담겨 있는 세 가지의 축¹⁾, 교사가 교육과정을 개발하는 '출발점(starting point)', 교사가 개발하는 교육과정의 '크기(size), 교사가 개발하는 교육과정의 '행위(action)'를 통해 교사교육과정 모습을 드러내 보고자 한다.

선생님은 교육과정(수업)을 만들 때, 무엇으로부터 출발하나요?

교사가 교육과정을 만들 때 가장 먼저 고려하는 지점, 그것이 바로 교육과정을 만드는 출발점이다. 교사가 교육과정을 만드는 출발점은 다양하다. 가르칠 내용 즉, 국가교육과정이나 지역, 학교교육과정 안에 담겨 있는 학생이 배워야만 하는 것을 가르치기 위해 교육과정을 만들 수 있으며, 교실에서 마주하는 학생이 배우고 싶은 것을 가르치기 위해 교육과정을 만들 수도 있으며, 사회적 이슈, 주변 여건, 행사 등 환경으로부터 교육과정 개발이 시작될 수도 있다.

---

1) 학교에서 교사가 교육과정을 개발하는 모습을 주로 다루는 SBCD(School-based curriculum development) 연구 결과들도 교사가 교육과정을 개발하는 모습을 대체로 출발점(starting point), 크기(size), 활동 유형(type), 참여 주체(agent) 등을 축으로 삼아 설명했다.

이처럼 교사가 교육과정을 만드는 출발점은 다양할 수도 있지만, 중요한 것은 교사가 만드는 교육과정 안에는 결국 내용, 학생, 환경 등모든 출발점이 함께 고려된다. 학생들에게 '민주주의'라는 내용을 가르치고자 출발한 교육과정일지라도, 그 안에는 결국 교사가 마주하는 학생의 흥미, 수준 등은 물론, 학급 임원선거나 학생 생활 규칙 등과 같이 주변 환경이 종합적으로 고려되어 학생에게 적절한 경험으로 만들어진다. 학생으로부터 출발하는 교육과정도, 환경으로부터 출발하는 교육과정도 모두 마찬가지이다. 그러나 내용으로부터 출발하는 것도 결국에는 '학생'에게 가르칠만한 내용이 고려된다는 점에서, 환경으로부터 출발하는 교육과정도 결국 학생 주변의 환경이 고려된다는 점에 있어서 모든 출발점은 '학생'을 지향한다.

그러나, 이것이 구분되는 이유는 교사가 학생에게 가르치고자 하는 '내용'으로부터 출발하는 순간이 분명 존재하고, 교사와 학생에게 주어지는 '환경'으로부터 출발하는 순간도 존재하며, 학생 그 자체가 가지는 흥미나 수준, 적성 등을 고려하여 출발하는 순간이 존재하기 때문이다. 그리고 어느 것으로부터 출발하는 것이 정답이라는 것을 가리기 위함이 아니라, 교사가 개발하고, 실행하는 교사교육과정은 이처럼 다양한 출발점을 가진다는 사실을 드러내기 위해서이다.

국가가 만드는 교육과정은 대체로 어디에서 출발할까? 그렇다. 모든 학생에게 반드시 가르쳐야 하는 것. 즉, '내용'으로부터 출발하는 경향이 강하다. 물론 그 안에서 학생의 발달단계, 수준, 흥미 등이 고려되기는 하지만, 학생 스스로가 원하는 배움이 아닌 학생에게 필요한 배움을 지향한다는 점에서 '내용'으로부터 출발하는 경향이 강하며, 교실 속 실제 맥락이 반영되는 '환경'은 크게 고려되지 못한다. 이러한 한계를 극복하기 위해 지역에서는 지역이라는 여건에 적절한 지역교육과정을 학교에서는 학교라는 여건에 적절한 학교교육과정을 만들어 제공하기도 한다. 그러나 이 모든 교육과정은 궁극적으로 교실에서 교사와 학생을 거쳐 새롭게 선택되고, 조정되고, 창조된다.

선생님의 교육과정은 어떤 크기(일, 주, 월)로 만들어졌나요?

교사교육과정은 지금 이 순간 마주하는 학생을 고려하여 만들어진다. 가령, 같은 내용을 가르칠지라도 학생의 수준, 반응에 따라 가르치는 시간이 얼마든지 달라질 수 있으며, 환경에 따라서 학생이 경험할 수 있는 수준이나 범위 역시 달라질 수 있다.

이처럼 교사가 만드는 교육과정은 교실에서 마주하는 학생, 그리고 주변 환경에 따라 교육과정의 크기가 달라질 수 있다. 가령, 어떤 교사는 민주주의를 가르치기 위해 하루(한 차시 등) 안에 가르칠 수 있고, 다른 어떤 교사는 학생들이 학교생활에서 지켜야 할 규칙을 구성원들의 의견을 모아 함께 만드는 과정을 경험함으로써 민주주의를 배울 수 있도록 주 단위 교육과정을 만들어 실행할 수도 있으며, 또 다른 어떤 교사는 우리 지역의 문제를 찾아내어 사회참여 과정을 통하여 직접 해결하는 과정을 거쳐 민주주의를 느끼고 배울 수 있도록 월 또는 그 이상의 장기적인 교육과정을 만들어 실행할 수도 있다. 이처럼 교사가 만드는 교육과정은 교사의 철학, 학생의 경험, 주변 환경 등에 따라 그 크기 또한 얼마든지 다양해질 수 있다. 그리고 교육과정의 크기를 결정할 수 있는 것은 오직 교사의 몫이다.

선생님의 교육과정은 어떻게 (어떤 방법으로) 만들어졌나요?

교사는 교육과정을 만들 때, 성취기준이 나와 있는 국가교육과정 문서를 사용하기도 하지만, 국가교육과정을 가르치기 위해 만들어진 대표적인 자료인 교과서(교사용 지도서 포함)를 사용하기도 한다. 또, 인○스쿨 등과 같은 교사 커뮤니티에서 다른 교사가 만든 자료를 참고하기도 하며, 티○파 등과 같은 업체에서 만든 자료를 활용하기도 한다. 만일 같은 자료를 사용하여 교육과정을 만드는 세 명의 교사가 있다고 가정해보자. 이 세 명이 만들고, 실행하는 교육과정의 모습은 모두 같을 수 있을까?

A교사는 그 자료가 자신의 의도나 학생 상황에 가장 적절한 자료라고 생각되어 선택한 자료를 있는 그대로 사용해서 가르친다. B교사는 그 자료 중 일부를 교실 상황에 적절하게 추가, 삭제, 순서 변경 등 조정하여 가르친다. 또, C교사는 그 자료를 참고하여, 완전히 새로운 자료를 생성하여 가르친다. 이렇듯 A, B, C 세 교사가 사용한 자료는 모두 같지만, 자신이 가르치는 학생에 따라, 자신이 처한 환경에 따라, 자신의 경험과 철학에 따라 실행되는 모습이 달라졌다.

그렇다면 이 세 교사 중 누가 자신만의 교육과정을 만들어 실행했을까. 그렇다. A, B, C교사 모두 자신만의 교사교육과정을 개발하여 실행했다. A교사는 여러 자료 중 그 자료를 선택하기 위한 교육적 판단을 했고, B교사는 선택과 더불어, 그 자료를 교실 상황에 적절하게 조정하였으며, C교사 역시 기존 자료를 바탕으로 새로운 자료를 생성했기 때문이다. 이처럼 교사교육과정의 형태는 교사가 여러 교육과정 중 선택하여 만들어지는 교육과정, 조정하여 만들어지는 교육과정, 새롭게 창조하여 만들어지는 교육과정으로 구분될 수 있을 것이다. 그리고 그 안에는 교사의 교육적 판단이 반드시 포함되어 있다.

이처럼 교사교육과정은 교사에 따라, 그리고 그 교사가 마주하는 학생과 환경에 따라 무수히 다양한 모습으로 나타난다. 그러나, 교사교육과정 역시 학생에게 가르칠 내용을 선정, 조정, 창조하는 과정을 거쳐 새로운 교육과정 내용을 생성해낸다는 점, 그리고 그 출발점에는 내용

뿐만 아니라 학생, 환경도 함께 고려된다는 점, 더불어, 실제로 실행할 크기를 결정한다는 점에서 국가, 지역, 학교교육과정과 동일한 교육과정이라는 사실을 알 수 있다.

우리는 이미 교사교육과정시대에 살고 있다. 다만, 그것이 교사교육과정이라는 이름으로 불리지 않고, 교사교육과정 역시 하나의 교육과정으로 인지되지 않았을 뿐이다. 이제 일곱 교사가 들려주는 교육과정 이야기를 통하여, 우리가 일상에서 느끼고 경험했던 사실들을 교육과정이라는 시각으로 다시 바라보고자 한다.

여러분은 오늘 무엇을 가르쳤나요?

그것에 대한 답을 갖고 있다면, 여러분은 이미 교사교육과정을 고민하고 실행하는 사람이다. 교사가 만드는 교육과정에 하나의 정답은 없다. 서로 다른 교사, 서로 다른 학생 그리고 교실 속 학생과 학생에 대한 교사의 교육적 판단으로 만들어지는 각자의 교육과정이 존재할 뿐이다. 그렇지만 여전히 많은 교사들은 고민한다. 내가 재구성한 이 교육과정이, 혹은 내가 개발한 이 교육과정이 옳은 것인지. 혹여나 잘못된 것은 아닌지. 그러나 그 판단은 오로지 그 교육과정을 만든 교사와 그 교육과정 안에서 살아간 학생들만이 할 수 있다.

지금부터 들려주는 교사들의 교육과정 이야기 역시 마찬가지다. 각자의 교육과정 안에는 각자의 삶이 담겨 있다. 그 교육과정이 과연 올바른 교육과정인지, 혹시나 잘못된 것은 없는지 판단할 필요는 없다. 그저 각각의 교사교육과정 안에 담긴 교사의 고민과 학생의 삶을 느끼는 것만으로도 충분하다. 이 글을 읽고 있는 여러분도 이미 교사교육과정을 개발하고, 실천하며 살아가는 '우리'이기 때문이다.

선생님의 교육과정은 어떤 모습인가요?

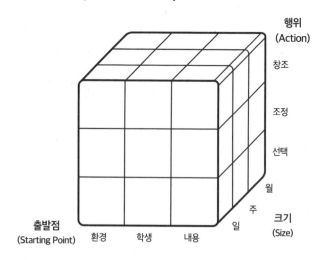

교사,
교육과정을 말하다

2장

Teacher as
Curriculum Maker

1. 동학농민운동 그리고 아동권리

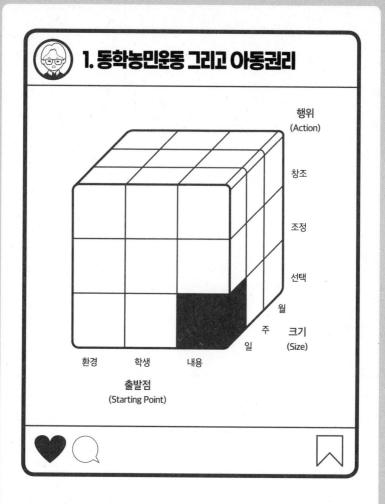

행위
(Action)

창조

조정

선택

월

주

일

크기
(Size)

환경   학생   내용

출발점
(Starting Point)

더 나은 삶을 꿈꾸게 하고 싶은 교사의 마음을 담은 24인용 쌤의

교육과정 이야기

#더나은삶 #사회과 #성취기준 #6사04-02 #전봉준 #일단위 #고학년 #선택

나를 만나다

설렘보다는 떨림, 기대보다는 낯섦으로 시작한 3월

처음으로 6학년을 맡게 되었다. 10년쯤 되는 경력에 6학년 담임을 해
본 적이 없다. 신규 교사들에게, 남자 교사들에게 6학년 담임 업무를
주는 경우가 많았음에도 신규 시절 5학년을 담임한 후로는 거의 저학
년을 담임했다. 동물원에 비유가 되는 저학년 생활을 하며 연수 강사들
이나 동료 선생님들이 들려주는 6학년 이야기는 왠지 다른 세상 같았

기대   할 수 있어

6학년

잘해보자   걱정

첫만남

다. 수업 속에서 배움이 일어나고 학생들과 꿈꾸는 교실을 만들어가는 이야기들은 6학년을 해보지 않은 나에게 6학년 담임에 대한 동경심도 갖게 했다. 무엇보다 6학년 제자가 진짜 제자란 말이 있지 않은가? 6학년을 지도하는 것은 나에게 그런 의미였다.

내가 맡게 될 아이들에게 무엇을 가르칠까?

6학년을 지도할 생각을 하며 나의 6학년 시절을 돌아보았다. 나의 6학년 시절은 많이 생각나진 않는다. 다만 엄청 혼난 기억이 난다. 성에 대한 개념이 없던 나는 친구들이 하길래 아무 생각 없이 한 여학생의 치마를 들추었다. 그날 점심시간 남학생들 모두 담임 선생님께 혼나게 되었고 특별히 나와 같이 그 행동을 한 친구들은 빗자루가 부러지도록 엉덩이를 맞은 기억이 난다. 그 당시는 '아프다', '잘못했구나'라고 피상적으로만 생각했었는데, 지금 생각해보니 선생님께선 그런 행동이 사회에서 절대 용납되지 않기에 하면 안 된다는 마음을 전해주고 싶었던 것 같다.

옛 선생님이 나에게 전해준 무엇인가를 기억하고 있는데 아이들은 나를 통해 무엇을 배우고 기억하게 될까? 그래서 나를 어떤 교사로 기억할까? 새 학기를 준비하며 많은 생각을 했다. 그러면서 나의 교실의 목표를 정해봤다. '더불어 살아가는 나, 보다 나은 삶을 꿈꾸는 우리!' 서로 함께하는 것의 즐거움을 알게 하고 싶었고 함께 더 멋진 교실을 만들어가길 바랐다.

나는 교사로서 나의 첫 제자들에게 부끄럽지 않은 교사가 되고 싶었다. 아이들에게 떳떳한 교사가 되길 바랐고 아이들은 좀 더 멋진 어른이 되길 바랐다. 그래서 아이들을 나와 동등한 존재로 바라보려고 했다. 그래서 아이들에게 내가 할 수 있는 최대한의 존중을 표현했고 표정이나 말에 실수가 없도록 조심스럽게 했다.

6학년 아이들의 첫 느낌은 '크다'는 거였다. 몇 년간 1학년 아이들을 보다 교실을 가득 메운 6학년을 보니 정말 '큰' 아이들 같았다. 아이들의 지적 수준도 '컸다'. 내가 여러 번 설명하지 않아도 한 번에 알아듣는 이 아이들의 모습이 감동이었다. 그리고 이 아이들이 하는 행동 하나하나가 얼마나 예쁘던지, 아이들이 좋았다. 정말 좋았다. 그래서 이 아이들을 위해 정말 좋은 것들을 주고 싶었다.

3월에 성격유형검사로 자신과 서로를 알아가는 시간을 가졌다. 성격유형검사를 해보며 우리 반 대다수의 성격유형이 서로 비슷하다는 걸 발견했다. 내성적이고 수용적이며 배려를 잘하는 반면, 주도적이지 못하고 표현을 잘하지 못하는 성향이 나타났다. 사실 나도 그런 사람이었다. 아이들이 나와도 많이 닮아 있었다. '이 아이들은 나처럼 크지 않으면 좋겠는데…'라는 생각이 내 머릿속을 채운다.

성향의 장점, 내성적이고 수용적이며 배려를 잘하는 점을 말하는 것이 아니다. 성향의 단점으로 지금의 내 모습에 아쉬움이 남기 때문이다. 내가 선택하지 못하고 부모님의 권유에 반항하지 못한, 자주적으로 살지 못한 내 아쉬운 학창 시절이 생각났다. 그렇기에 내가 사랑하는 이 아이들은 이렇게 되지 않길 바랐다. 이 아이들이 스스로 삶에 주인이 되길 바랐다. 더 나아가 이 아이들이 멋지게 자라나 아름다운 사회를 만들어갔으면 하는 바람이 생겼다.

이 아이들에게 수업으로 나의 마음을 전해주고 싶었다. 어떻게 하면 그런 마음을 전해줄 수 있을까? 이런 고민 중 사회 수업 속에서 찾았다. 동학농민운동 수업 속에서 나의 마음을 전할 방법을 말이다.

교육과정을 만들다

나는 수업이 단순 지식 전달에 그치는 것을 좋아하지 않는다. 단순히 공부가 어떤 의미인지 모른 채 주어진 교과서에 따라 지식을 전달받았던 나의 삶에 회의가 있어서 그랬을까? 어떤 지식을 전달한다고 할 때 (모든 내용이 그럴 수 없지만) 되도록 그 지식이 나에게 어떤 의미인지, 나의 삶에 어떤 영향을 주는지를 알게 해주고 싶었다. 또 지식과 아이들이 연결되어 그 지식이 아이들의 삶에서 무언가 유의미한 일들을 일으키길 기대했다. 그래서 교과서 그대로 가르치기보다 적어도 이 내용이 나와 학생들의 삶에 어떤 의미가 있는지를 발견하려고 했고 이러한 기준에 맞춰 자료를 선정해왔다. 그래서 선정하는 자료를 하나하나 살펴다 보니 수업을 준비하는데 시간이 많이 필요했다.

6학년 교육과정 전체를 살펴볼 여유가 없었고 조금은 막막해져 수업 준비로 어려움을 느끼던 차, 전 학교에서 근무하던 선생님이 6학년을 지도한 경험이 나보다 많아 도움을 얻을 수 없을까 하는 마음에 전화를 했다. 교육과정, 수업 등 여러 이야기를 나누었는데 그중 자신이 사회 교과서 보조자료 중 일부를 개발했으니 참고해보라는 말에 지도서 참고 자료 안에 있는 자료와 성취기준을 살펴보게 되었다.

> **[6사04-02]** 조선 사회의 모순을 극복하기 위해 개혁을 시도한 인물(정약용, 흥선대원군, 김옥균과 전봉준 등)의 활동을 중심으로 사회 변화를 위한 옛사람들의 노력을 탐색한다.

6학년 사회 교과서 1단원은 근현대사 관련 내용을 다루고 있었다. 사회 교과서는 역사적 배경과 흐름, 그 당시의 역사적 의미, 결과를 살펴보고 그 당시 사람들의 생각을 탐구하는 내용으로 구성되어 있었다. 특별히 내가 아이들과 함께 살펴볼 내용은 동학농민운동에 관련된 내용이었다. 교과서는 동학농민운동의 배경과 흐름을 살펴보고 그 당시 동학농민운동을 하던 사람들의 마음을 탐색하는 내용으로 구성되었다. 교과서에 제시된 대로 가르치면 성취기준에 충실한 수업을 할 수 있었다. 그런데 나는 교과서대로 가르치고 싶지 않았다. 역사적 사실(지식)과 지금의 아이들이 어떻게 이어져 있고 이것이 이들의 삶에 어떤 의미인지 알게 하고 싶었다.

사회과 보조자료는 현재-과거-현재로 구성되어 있어 학생들이 역사

의 사건을 통해서 현재의 모습을 보는 데 도움을 주는 자료였다. 사회
과 보조자료의 내용은 이렇게 구성되어 있었다.

step 1 들어가기(현재에서 과거 속으로)

　아동권리헌장을 통해 권리의 필요성 알기

step 2 탐구하기(과거 속으로)

　동학농민운동에 대해 살펴보기

step 3 함께 참여하기(과거에서 현재로)

　동학농민운동 개혁안으로 우리의 삶 살펴보기

　우리들의 개혁안 만들기

그래! 이거다!

역사는 과거를 통해 현재를 보게 만든다. 조선 후기 신분제도 사회에
서 작은 권리를 가진 사람들이 자주적인 삶을 위해 목숨 걸고 노력하
는 모습을 아이들이 동학농민운동 속에서 보길 바랐다. 또 당시와 비
슷한 현재의 문제를 아이들의 눈으로 직면하고 아이들이 더 나은 세상
을 만들기로 결심하길 바랐다. 아이들이 자신의 삶을 가꾸고 더 나은
삶을 꿈꾸며 살아가는 것을 가르치기에 알맞은 자료로 생각되었다. 아
이들에게 내 마음을 전해줄 기대감을 안고 활동지를 인쇄했다.

기대를 안고 시작한 사회 시간. 점심시간 이후라서 그럴까, 사회 수

업 시간이라 그럴까. 몇몇 아이들의 눈에는 벌써 지루함이 가득해 보인
다. '내가 나누고 싶은 중요한 내용을 선정한다면 오전으로 수업 시간
을 바꿔야겠구나'라는 생각을 한다. 그래도 아이들에게 꼭 나누고 싶은
수업이기에 내 목소리를 키우며 이야기를 나눈다.

아동권리헌장에 대한 영상을 보고 이야기를 나눈다. 아동권리는 무엇
인지 현재 아이들이 갖고 있는 권리가 처음부터 있었는지를 이야기 나
눈다. 또 교과서의 내용을 살펴본 후 농민들의 개혁안을 보며 그 당시
에 어떤 문제가 있었는지 추론하는 활동을 해보았다. 말은 많이 없지
만, 아이들은 활동지의 물음에 답을 성실히 작성한다.

그런데 평소와 다른 수업 방식이었을까? 아니면 내용이 어려웠던 것
일까? 되도록 아이들이 주어진 자료를 가지고 답을 찾기를 바라는 마

음으로 시간을 주었지만, 아이들은 문제를 해결하는데 평소보다 더 많은 시간이 걸렸다. 또 더 많은 것을 전해주고 싶은 마음이었을까? 나도 평소 수업보다 말이 많아졌다. 그러다 보니 당초 계획한 1차시 수업을 2차시 동안 하였고 인권 내용이 포함됐으니 창의적 체험활동으로 편성해야겠다는 생각으로 위안을 삼는다.

마지막 활동 속에서 동학농민운동에서 요구한 것이 현재의 삶에서 잘 지켜지고 있는지를 살펴보았다. 그런데 여기서 아이들이 문제에 답을 쓰는 데 힘들어한다. '권리에 대해 배우지 않았니?', '평소에 내가 누려야 할 권리에 대해서 생각해본 적 없니?' 등 여러 질문을 던지고 당시 최저시급제에 대한 의견을 나누며 더 쉽게 풀어가려고 한다. 이런 어려움 속에 하교 시간이 되었고, 결국 마지막 활동은 한 두 학생의 발표로 정리하게 되었다.

하교 지도를 하고 아이들이 남기고 간 활동지를 본다. 아이들이 끄적인 활동지에 고민한 흔적들, 집중하지 못하고 낙서한 흔적들 등 아이들의 다양한 모습이 활동지에 고스란히 담겨있다. 과연 아이들의 수업은 어떤 수업이었을까? 아이들의 표정이 머릿속을 가득 메운다. 앗, 좋은 표정보단 무표정의, 지루한 표정의 모습들이 더 많이 떠오른다. 갑자기 머리가 아프다. 내가 원했던 수업, 맞을까?

교육과정을 돌아보다

아이들은 무엇을 배웠을까? 동학농민운동일까? 권리일까?

> **[6사04-02]** 조선 사회의 모순을 극복하기 위해 개혁을 시도한 인물(정약용, 흥선대원군, 김옥균과 전봉준 등)의 활동을 중심으로 사회 변화를 위한 옛 사람들의 노력을 탐색한다.

돌이켜보니 나는 성취기준에 있는 것만 가르치지 않았다. 성취기준에 있는 내용을 포함하여 그 외의 것, 인권을 더 가르쳤다. 또 너희들이 어른이 되었을 때 자신의 권리를 위해 노력하자는, 아이들을 향한 나의 마음을 담은 메시지까지 전달하고자 했으니 어쩌면 1차시가 아닌 2차시가 된 것이 너무나 당연한 일이었다.

'내가 너무 많은 것을 가르쳤을까? 내가 굳이 가르치지 않아도 될 내용을 가르쳤을까? 동학농민운동이라는 역사적 사실을 통해 옛사람들의 노력을 탐색하기만 해도 되었을 텐데, 왜 난 어렵게 가르쳤을까?'라는 생각으로 머릿속이 복잡해진다. 또 아이들이 교과서 외의 것을 받아들일 준비가 되어 있지 않았는데 아이들에게 필요하다는 나의 일방적인 결정에 지식의 양이 부담스럽지 않았을까, 하는 생각에 마음이 더 무거워진다.

그럼 나는 이 내용을 다시 가르친다면 성취기준만을 가르칠 것인가? 그것의 대답은 '아마…, 아니요'이다. 나는 다시 이 내용을 가르친다면 교과서에 배정된 1차시를 2시간으로 늘리고 아이들이 어려워한 부분을 조금 빼거나 다른 활동으로 대체할 것이다. '아마'라고 한 이유는 내가 성취기준 이상의 것을 가르쳐도 되는가에 대한 의문과 이 활동이 아이들에게 정말 필요한지에 대한 고민, 그리고 이 결정에 교사의 생각이 반영되어도 괜찮을지에 대한 고민이 있기 때문이다.

교사는 배움에서 어떤 역할을 해야 할까? 교사는 성취기준만 가르치는 존재인가? 아니면 교사는 성취기준에 더해 무언가를 더 가르치는 존재인가? 교사의 역할이 어디쯤에 있는지 고민하며 수업을 준비한다.

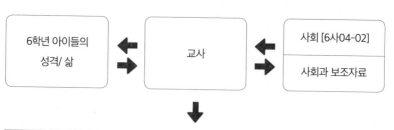

교과(시수)	step 1 들어가기(현재에서 과거 속으로)
	- 아동권리헌장에 대해 알아보기
	- 아동권리헌장의 필요성 생각해보기
	step 2 탐구하기(과거 속으로)
사회(1)	- 동학농민운동의 내용 살펴보기
창체(1)	- 동학농민운동의 의미 알아보기
	step 3 함께 참여하기(과거에서 현재로)
	- 동학농민운동 개혁안으로 우리의 삶 살펴보기
	- 오늘날 우리들의 개혁안 만들기

선생님의 교육과정은 무엇으로부터 출발했나요?

제일 먼저는 성취기준, 교과서에서 출발했습니다. 내가 가르쳐야 할 내용에서 학생들에게 의미있게 가르칠 수 있는 것들을 찾았습니다.

선생님의 교육과정은 어떤 크기로 만들어졌나요?

일 단위, 사회과 1차시 단위로 만들었습니다. 교과서에서 1차시 수업을 재구성하였습니다. 그런데 실제 수업을 해보니 2차시로 운영하게 되었고 창체와 함께 교육과정을 운영하였습니다.

선생님의 교육과정은 어떻게 (어떤 방법으로) 만드셨나요?

국가교육과정에서 가르쳐야 하는 내용 요소, 성취기준을 바탕으로 만든 자료 중 나의 교육관에 맞는 방법으로 가르칠 수 있는 자료를 찾아 선택하였습니다.

2. 덧셈과 뺄셈 교육과정

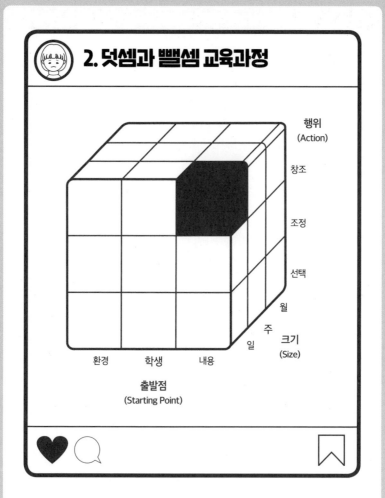

행위
(Action)

창조

조정

선택

월

주

일

크기
(Size)

환경　　　학생　　　내용

출발점
(Starting Point)

전문성을 인정받고 싶은 귤 쌤의

덧셈과 뺄셈 교육과정 이야기

#일단위교육과정 #학생맞춤형 #자료제작 #교사중심수업 #2수01-05_실생활속의미

#2수01-06_계산원리 #1학년 #입학초기적응활동 #쌤스타그램

나를 만나다

저학년 담임교사 3년, 풍월을 읊는다?

어느 겨울, 1~2학년을 가르치던 나는 6학년 담임 교사에 지원했다. 너무 오래 저학년을 맡다 보면 다른 학년군을 가르치기 어려울 것이라던 선배 선생님의 조언 때문이었다. 그러나 학년 배정 결과는 항상 나의 의지와 반대였다. 심지어 1학년 담임교사를 맡게 되었으니 정반대였다고 하겠다. 그렇게 저학년 담임교사로 3년을 지내게 되었고, 올해 겨울에는 저학년 담임교사에 지원할 것이다. 그 까닭은 겁이 아닌 저학년 지도의 매력에 있다. 3년 동안 경험한 저학년 지도의 두드러지는 특징은 다음과 같다.

첫째, 가르치는 내용은 적지만 잘 조직되어 있다. 저학년 학생들을 대상으로 하는 교과는 국어, 수학, 바른 생활, 슬기로운 생활, 즐거운 생활이다. 통합교과의 실천 활동·탐구 활동·표현 놀이를 제외하고, 국어와 수학은 계열성을 갖추고 촘촘히 설계되어 있다.

둘째, 이후 몇 년간 이어지는 학습의 필요조건인 도구 교과는 다른 지식을 배우는 기초 역할을 하기에, 저학년에서의 부진은 큰 문제가 될 수 있다. 따라서 교사는 학습부진이 누적되지 않도록 끊임 없이 노력한다.

셋째, 조작 활동(인지적 문제해결)을 위해 구체적 자료가 필요하다. 저학년 학생들은 순수한 언어적 또는 가설적 조작 대신 현실적인 조작만 가능하거나 심지어 이조차 어려움이 있다. 이러한 특성에서 저학년에게 다양한 교구와 활동중심의 교육적 처방이 요구된다.

학습 부진을 막기 위해 저학년에서 사용하는 방법은 학습 부진을 진단하고 처방하는 것이다. 그간 나는 진단과 처방을 실시하는 교사 중심 수업자가 되어 저학년 지도의 특징에 적응해왔다. 그러나 곰곰이 생각해본다면 이것은 마치 한가지 사이즈만 있는 티셔츠를 입혀보고 맞지 않으면 수선하는 꼴이다. 보편적 학생을 가정하고 제작된 자료들은 종종 맞지 않는 옷처럼 효과적이지 않았다. 교과서의 자료는 어떤 학생들에게는 매우 큰 옷이었으며, 어떤 아이들에게는 작아 보였다.

이러한 아이디어는 내게 학생 맞춤형 자료 제작을 도전하게 되는 계기가 되었다. 학생별 학습활동 참여와 주의집중을 어떻게 극대화할 수 있을까? 우리 반 학생들의 언어적 표현과 비언어적 표현을 살펴 직접 자료를 제작하면 어떨까? 전문성에 대한 선망을 갖고 전문직으로서 교사가 될 방법을 찾던 내게 학생 맞춤형 자료 제작은 더욱 매력적인 답지였다. 요약하면, 3년 연속의 저학년 지도는 '학생 맞춤형 자료'를 사용하는 '교사 중심 수업'이라는 나만의 독특한 교사교육과정 개발 시작을 위한 적절한 자극이었다.

교육과정을 만들다

덧셈과 뺄셈을 할 줄 알고, 지루하고, 유치하다고 했다

원하지 않던 1학년 담임이지만, 누가 누굴 만나게 될지 서로 선택하지 않았기에 우리 반 학생들은 여전히 소중하게 느껴졌다. 섣불리 다가가지 못한 채 설레는 마음으로 서로를 탐색했다. 첫날을 무사히 마쳤음에 안도하며 의자에 기대려는 순간이었다.

"선생님, 저는 더하기 빼기 다 할 줄 알아요."

"덧셈과 뺄셈 싫어요. 지루해요."

"저는 다섯 살 때부터 할 줄 알았어요. 유치해요."

활달한 성격을 가진 듯한 학생들이 나에게 와 치근대며 자랑 아닌 자랑을 했다. 당황한 마음에 표정 관리가 쉽지 않았다. 도대체 무엇을

할 줄 안다는 것일까? 계산할 줄 안다는 것일까? 할 줄 안다면 얼마나 잘하는 것일까? 몇 번의 질문 끝에 놀랍게도 이 학생들은 이미 덧셈과 뺄셈의 계산 방법뿐만이 아니라 상황도 익혔다는 걸 알게 되었다. '전문직으로서 교사'를 표방하는 나는 이 상황이 썩 유쾌하지 않았다. 왜 이 학생들은 '더하기 빼기'를 할 줄 '아는 것'으로 생각했으며, 그 '앎'으로 얻은 결과를 '지루함'과 '유치함'으로 표현하였을까? 학교만 가르칠 수 있는 것은 무엇일까? 이 뛰어난 학생들에게 필요한 도움은 무엇일까?

2015 개정 수학과 교육과정에 따르면 수학 교과 역량 함양을 통해 학생들은 개인의 잠재력과 재능을 발현할 수 있을 뿐만 아니라, 수학의 필요성과 유용성을 이해하고 수학 학습의 즐거움을 느끼며 수학에 대한 흥미와 자신감을 기를 수 있다고 한다(교육부, 2015). 그러나 가정에서 이미 충분히 학습해온 학생들은 개인의 잠재력과 재능을 발현하기는커녕 수학 학습에 대한 즐거움조차 느끼지 못하고 있었다.

새로운 처방이 필요했다. 이 학생들에 대한 안쓰러움뿐만 아니라, 3년차 교사라도 간단히 예상할 수 있는 전개를 막기 위해서였다. 예상에 따르면, 이 뛰어난 학생들은 자신이 지루해하고 있음을 자랑하듯 표현

하여 이들과 대비되는 다른 학생들이 도움을 청하지 못하도록 위축시킬 것이다. 또, 점점 벌어지는 학습격차에 학습지도는 점점 어려워질 것이다. 1학년 담임으로서, 전문성을 갖춘 교사로서 학습부진 만큼은 어떻게든 예방하고 싶었다.

젓가락질 연습에 필요한 콩을 준비해야 한다고 했다

한 시간 째 학년 연구실 의자에 기대 여러 가지 고민을 흘려보내고 있었다. 어떻게 하면 교실 속 덧셈과 뺄셈을 처음 접하는 학생과 이미 계산에 능숙한 학생 모두 만족할 수 있을까? 어떻게 하면 문제 풀이에 매몰되지 않으면서 계산에 능숙하게 만들 수 있을까? 나의 교육 목표인 인공지능시대에 걸맞은 인재를 기르기 위해선 어떻게 가르쳐야 할까? 떠올린 해결책은 다음과 같았다.

첫째, 기초 학습 능력 함양을 고려해 계산을 반복할 기회를 제공하여야 한다. 계산에 능숙하지 못한 학생들이 있다. 이 학생들을 위해서 충분한 학습을 할 수 있도록 반복해 계산해야 한다.

둘째, 수학과의 창의·융합 역량을 고려해 생활 주변과 사회 및 자연현상을 수학적으로 이해해보는 경험을 제공해야 한다. 교실에 흔하게 갖추고 있는 학습준비물을 활용하는 것은 어떨까? 사전에 필요한 준비가 지나치게 많지 않다는 장점 또한 있다.

셋째, 수학과의 태도 및 실천 역량을 고려해 수학의 필요성과 유용성을 전할 수 있어야 한다. 게임의 형태로 실제적 문제 상황을 제공하는 것은 어떨까?

넷째, 도구 교과라는 수학과 특성을 고려해 다양한 학습 수준의 학생들이 모두 흥미와 자신감을 가질 수 있어야 한다. 쉬운 내용을 반복하면서도 색다르게 느껴지는 여러 수의 덧셈과 뺄셈은 어떨까?

그렇다면 어떤 게임을 만들까? 구현의 실마리는 우연히 학년 연구실에 들른 다른 선생님과의 수다 속에서 찾을 수 있었다. 다른 반 선생님께서 입학 초기 적응활동 교재에 제시된 '젓가락질로 콩 옮기기 활동'을 위해 학생들에게 콩을 준비하라고 말씀하셨다고 한 찰나였다. 젓가락질 게임! 문득 떠오른 아이디어에 급하게 몸을 일으켜 드디어 교육과정을 구체화하기 시작했다.

얼마 지나지 않아 '덧셈과 뺄셈을 이용해 젓가락질 게임의 점수를 계산하기'라는 결과물을 얻을 수 있었다. 기존 활동을 참고해 새롭게 창조한 젓가락질 게임은 학생들이 모든 시도를 마친다면 총 40번의 계산을 반복한 것이 되도록 제작되었다.

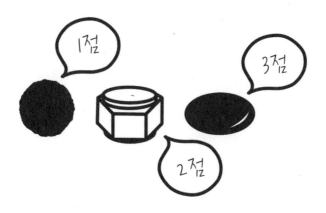

다음은 덧셈을 학습하기 위한 젓가락질 게임의 방법이다.

① 학생들은 제한시간 내에 최대한 많은 물체를 젓가락질로 옮겨야 한다.

  (뿅뿅이 2개, 공깃돌 2개, 바둑돌 1개 = 총 5개)

② 학생들은 물체를 시작 사각형에서 도착 사각형으로 옮겨야 한다.

③ 학생들에게는 다섯 번의 기회가 주어진다.

④ 각 기회의 제한시간은 교사가 정한다.

⑤ 각 기회가 끝난 후, 0점에서 시작하여 각 물체에 해당하는 점수를 모두 더한다.

  (뿅뿅이 1개당 1점, 공깃돌 1개당 2점, 바둑돌 1개당 3점)

⑥ 물체를 모두 옮겼다면 총점은 9점이다.

다음은 뺄셈을 학습하기 위한 젓가락질 게임의 방법이다.

① 학생들은 제한시간 내에 최대한 많은 물체를 젓가락질로 옮겨야 한다.

  (뿅뿅이 2개, 공깃돌 2개, 바둑돌 1개 = 총 5개)

② 학생들은 물체를 도착 사각형에서 시작 사각형으로 옮겨야 한다.

③ 학생들에게는 다섯 번의 기회가 주어진다.

④ 각 기회의 제한시간은 교사가 정한다.

⑤ 각 기회가 끝난 후, 9점에서 시작하여 각 물체에 해당하는 점수를 모두 뺀다.

  (뿅뿅이 1개당 -1점, 공깃돌 1개당 -2점, 바둑돌 1개당 -3점)

⑥ 물체를 모두 옮겼다면 총점은 0점이다.

손가락으로 물체를 옮기고 있었다

다음날, 마침내 수학 시간이 되었다. 게임 방법을 설명하기에 앞서 학생들에게 이전에 미리 제시되었던 젓가락질 연습 과제를 간단히 점검했다. 바른 젓가락질 방법을 확대해서 보여줄 수 있는 영상을 시청하는 방식이었다. 또, 게임 활동에 필요한 여러 수의 계산식 및 계산원리를 제시하였다. 다만 학생들의 실제 학습시간을 극대화하기 위해 제시 시간을 최소화하였다.

게임 방법의 소개까지 마쳤으니 이제 학생들에게 필요한 것은 학습활동 참여와 주의집중이다. 다행히 학생들은 최적의 시간 동안 제시된 내용을 잘 이해하고 있었으며, 가정 내 과제를 착실히 해온 덕에 학생들의 호응이 좋았다. 첫 번째 시도 50초, 두 번째 시도 30초, 세 번째 시도 25초…. 각 제한시간이 학생들의 젓가락질 속도에 맞추어 변경되니 더욱 환호했다. 몇 차례의 시도 후에 식을 쓰는 것조차 어려워했던 학생들도 계산을 척척 해냈다.

학생들의 호응에 안도하던 중, 제한시간 종료가 다가오자 평소 욕심 많은 셈셈이가 손가락으로 물체를 마구 옮기고 있는 모습을 발견했다. 젓가락질이나 다양한 계산이 아닌 모든 물체의 이동 성공을 위해 애쓴 것이다. 그러나 분명 명시적인 수업목표는 입학 초기 적응활동의 젓가락질 익히기, 수학 교과의 덧셈과 뺄셈 계산이었다.

셈셈이가 단순히 게임의 성공에 열성을 다한 이유는 무엇이었을까? 내용 전달보다 학생들의 역량 강화에 역점을 두었기 때문일까? 역량을 분석적으로 이해해야 한다는 의미일까? 내용을 잊지 않도록 안내하기 위해서, 학생 주도의 학습 시간을 극대화하는 수업보다는 교사의 제시 시간을 극대화하는 수업을 선택해야 했을까? 수업이 끝나고, 미처 발견하지 못했던 다른 학생들의 비언어적 표현을 확인하기 위해 조용히 활동지를 걷었다. 마냥 즐거워하는 학생들을 보아도 망한 수업이었다는 생각에 미안한 마음이 들었다. 그때였다.

"선생님 덕에 저 수학 좀 잘하게 된 것 같아요!"

"더하기 빼기가 이렇게 재밌는 건지 몰랐어요! 감사해요!"

첫 번째 시도에서 식을 세울 줄 몰라 울먹이던 학생도, 덧셈과 뺄셈의 계산 방법과 상황을 '안다' 말했던 학생도 내게 감사함을 표했다. 게임도, 젓가락질도 아닌 '덧셈과 뺄셈'이 재미있었다고 말했다. 조금 가벼

워진 마음으로 활동지를 살펴보기 시작했다. 나름의 방식으로 덧셈과 뺄셈을 해보려 노력한 흔적들이 빼곡하다. 셈셈이의 활동지도 마찬가지였다. 계산을 위한 끄적임과 지우개 똥이 반갑다.

교육과정을 돌아보다

선생님이 생각하는 '좋은 교육과정'이란 무엇인가요?

이전에 여러 선생님께 '좋은 교육과정'이 무엇이라 생각하는지 여쭈어 보았을 때, 다양한 답변을 들을 수 있었다.

A선생님은 학생들이 학습목표에 달성했음을 확인할 수 있는 교육과 정이라 하셨으며, B선생님은 끝난 후 따스한 마음이 남는 교육과정이라 하셨다. 또한 C선생님은 학급 내 학생들과 더욱 깊은 유대감을 기른 교육과정, D선생님은 40분 내 계획한 교육과정을 깔끔하게 마친 교육과정이라 하셨다. 덧셈과 뺄셈 교육과정을 다른 선생님들의 눈으로 평가해본다면 다음과 같을 것이다. A선생님은 불분명한 학습목표에 당황할 것이며, B선생님은 그럭저럭 점수를 주실 것이다. C선생님은 칭찬할 것이며, D선생님은 낙제점을 줄 것이다. 교사들의 관점이 서로 다르기 때문이다.

나에게 '좋은 교육과정'은 하나로 정해져 있지 않다. 학습목표를 잠정적으로 설정하지만, 때로는 학습목표 달성 여부와 관련 없는 판정을 해야만 한다. 교실 속 교사와 학생들은 문제해결 과정 중 계획하지 않았던 다른 문제를 발견·설계·해결하기도 하기 때문이다. 이러한 경우 미리 설정한 학습목표 달성 여부에 따른 '잘 된 교육과정' 여부 판정이 어렵다. 오히려 학습 중 우연히 발견한 여러 가지 정보와 증거만을 수집해 교육과정의 목표가 무엇이며, 그것이 성취되었는지 판정하여야 한다.

이러한 관점은 미래사회에서의 교육의 역할에 대한 고민에서 출발하였다. 미래사회는 국내에서 4차 산업혁명으로 이름 붙여진 디지털화, 빅데이터, 인공지능 등으로 인해 변화한 사회라 말할 수 있을 것이다. 몇 학자들의 예측에 따르면, 필요한 지식을 얻는 방법이 간단해짐에 따라 정답이 있는 문제를 해결하는 교육은 더 이상 필요가 없을지도 모른다. 학생이 학습해야 할 문제, 해결 방법, 정답 모두를 전제하지 않는 '항해모형'마저 제시되고 있다. 문제는 꼬리에 꼬리를 물 것이며, 교사의 역할은 더욱 복잡해질 것이다. 미래사회는 교사에게 교실 속 교사와 학생들의 문제를 끊임없이 발견·설계·해결하는 탄력적인 교사교육과정과 그에 걸맞은 평가 관점을 요구할 것이다.

나는 덧셈과 뺄셈 교육과정을 이렇게 평가할 것이다. 첫째, 첫 학습 목표인 수학과의 내용, 입학초기 적응활동 내용 모두를 달성한 교육과정이다. 둘째, 새로운 문제인 수학과의 역량 함양을 위해 새롭게 설계된 탄력적인 교육과정이다. 셋째, 새로운 학습 목표를 해결한 교육과정이다.

"선생님, 저는 더하기 빼기 다 할 줄 알아요."

"덧셈과 뺄셈 싫어요. 지루해요."

"저는 다섯 살 때부터 할 줄 알았어요. 유치해요."

내용	[2수01-05] 덧셈과 뺄셈이 이루어지는 실생활 상황을 통하여 덧셈과 뺄셈의 의미를 이해한다.
	[2수01-06] 두 자리 수의 범위에서 덧셈과 뺄셈의 계산 원리를 이해하고 그 계산을 할 수 있다.
	[입학 초기 적응활동] 젓가락질 익히기
역량	[창의·융합] 실생활의 지식, 기능, 경험을 수학과 연결·융합하여 새로운 지식, 기능, 경험을 생성하기
	[태도 및 실천] 수학의 가치 인식, 자주적 수학 학습태도 갖추기

수학의 필요성과 유용성을 이해하고 수학 학습의 즐거움을 느끼기

수학에 대한 흥미와 자신감 기르기

덧셈과 뺄셈을 이용해 젓가락질 게임의 점수를 계산하기

선생님의 교육과정은 무엇으로부터 출발했나요?

국가교육과정 속 배워야 할 내용과 학생들의 그에 대한 반응에서 출발했습니다.

선생님의 교육과정은 어떤 크기로 만들어졌나요?

며칠간의 고민 끝에 만들어진 교육과정의 크기는 2차시로, 하루 단위로 진행되었습니다.

선생님의 교육과정은 어떻게 (어떤 방법으로) 만드셨나요?

교사의 교육 목표와 내용, 역량 등을 골고루 고려해 새롭게 창소하였습니다.

3. 첫 만남 교육과정 1.4와 2.0

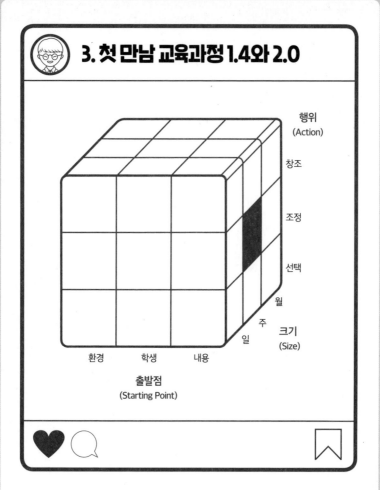

행위
(Action)

창조

조정

선택

월

주

일

크기
(Size)

환경   학생   내용

출발점
(Starting Point)

수업 만들기에서 학생들과 함께 하고 싶은 허니 쌤의

첫 만남 교육과정 이야기

#첫만남은누구에게나중요하지않나요 #첫만남교육과정1.4과2.0

#내가만든프로젝트가교육과정이되어가는과정

나를 만나다

허니 쌤을 소개합니다

"좋은 선생님이 되고 싶었습니다. 그래서 유명한 선생님의 좋은 자료를 활용하면 좋은 선생님이 될 줄 알았습니다."

나는 최근 몇 년 동안 연수 중독이었다. 좋다고 소문난 연수, 전국적으로 유명한 선생님의 연수, 최근 부각되는 주제의 연수 등, 내가 들을 수 있는 모든 연수는 시간을 쪼개서라도 쫓아가서 듣고 스스로 만족했었다. 이렇게 3~4년 동안 평균 연간 연수 시간은 무려 600여 시간. 이 중 집합 연수가 반 이상이었으니, 연수로 출장 다니기 바빴고 그저 머릿속에 다양하고 우수한 사례들을 넣기 정신없었다. 지나칠 정

도로 배우러 다니기 집중했던 이유는 교사로서 스스로에게 자신이 없었기 때문이었다. 이 시기에 하루 수업을 마치고 나면 마음속에서 '잘하고 있는 것일까?'하는 의구심으로 자기 불안감이 생기거나, 스스로 만족하지 못했다.

그렇게 나는 누군가에게 기대고 싶었고 나름대로 검증된 자료를 쓴다면 스스로 만족할 수 있을 것이라 믿었다. 그러던 와중에 J교사의 여러 책을 바탕으로 다양한 것들을 시도하고 따라 하게 되었다. 학급 경영, 수업 방법에서부터 교사와 학생을 이해하기 위한 에니어그램(Enneagram)까지도 공부했다. 인간에 대한 이해를 다루는 공부를 하다 보니 나는 에니어그램(나는 1w9유형)뿐만 아니라 MBTI(나는 ISTJ유형), LCSI성격검사, T.E.T 등으로 분야를 넓히게 되었다. 이러한 것들은 심리학과 관련된 분야였고 교육대학에서는 미처 배우지 못했던 부분이었기에 더욱 관심이 가고 또 배우려 노력했다.

하나의 모델로 J교사를 따라 하면서 나도 그렇게 될 수 있다는 환상을 갖게 되었다. '학급운영시스템'이나 '행복교실 만들기'와 같은 책에서는 무조건 따라 하라고 하지 않았음에도 나도 모르게 환상 속에서 갇히게 된 것이다. 그리고 이런 생각들은 실제 아이들과 만나고 순간순간 발생하는 상황에 의해 수업 속에서 나의 계획들이 철저히 깨지고, 또 다른 문제들로 나 자신을 살펴보며 반성하게 했다. '학급운영시스템'에 제시된 예시 자료를 바탕으로 정교하게 계획하고 비슷하게 만들어 실행한 뒤, 하나둘 어긋나기 시작하고 실패를 맞보는 쓰라림은 거울 속 나의 또 다른 모습에 영향을 주었다.

"따라 하는 것으로는 소용이 없다. 연수를 듣기만 해서는 아무 도움이 되지 않는다. 결국 나만의 교육과정이 필요하다."

내가 만나는 아이들로부터 출발하다

사람들은 자신이 확신을 갖고 대처할 수 없거나, 어떤 일이 일어날지 모르는 상황, 새로운 사람과의 관계 형성 등에 마주하게 되면 자연스레 긴장하게 된다.

이 내용은 대부분의 교사에게는 3월 첫 만남에 모두 적용되기 때문에 교사가 2~3월에 느끼는 피로는 높은 편이다. 2월, 아이들을 만나기 전 몇몇 교사들은 서로의 이런 피로를 이해하고 도움을 주고자 나름의 품앗이를 한다. 인디스쿨의 다양한 자료들, 매일 올라오는 실천교육교사모임의 밴드 자료, 다양한 연수에서 나누는 자료들, 전국에 있는 선생님들이 공유해주는 자료들 덕분에 섬세하게 고민하지 않아도 3월 첫 만남에서부터 수업에 이르기까지 어찌저찌 살아가며 긴장감을 낮출 수는 있다.

그렇게 나는 확보한 다양한 자료를 구체적이고 체계적으로 구성하기 위해 노력하면서 3월 첫날을 기대했고, 실행했으며, 대부분 충실하게 수업했음에도 만족하지 못했다(에니어그램의 내 유형의 특성은 '완벽주의'). 좋은 자료로 수업을 계획하고 자료를 다양하게 준비했지만, 아이들과 막상 만났을 때 아이들의 가능성을 열어주지 못한 것이다. 불도저처럼 아이들을 신경 쓰지 않고 교사가 준비한 활동과 수업을 진행하기만 했다면, 이런 고민조차 하지 않았을 것이다. 그러나 수업하면서 아이들의 표정에서 읽을 수 있었던 것들은 '아… 이 수업은 조금 더 하고 싶은데…', '선생님이 원하시는 것을 해야만 하겠지?', '선생님이 말씀해주시는 것들은 재미있는 것일까?' 등이었다. 아이들의 상황에 맞게 수업을 변경하고 몰입할 수 있는 기회를 교사의 사전 준비가 중요하고 그대로 따라야 한다는 믿음 때문에 놓친 것은 아니었을까?

3월, 첫 만남 기간에 보통의 아이들은 이런 생각만 하고 어색한 시간이 흘러가길 바라곤 한다. 그런데 어느 해 만난 아이들은 자신들의 생각을 이렇게 표현해주었다.

"선생님! 아침 활동 시간에 오늘 시간표 알려주셨잖아요. 그런데 3교시 수업 너무 재미있어요. 4교시 때도 이어서 하면 안 돼요? 원래 하기로 했던 것은 나중에 하면 되잖아요."

그해 아이들은 다른 때보다도 적극적으로 행동하고 말할 줄 아는 아이들이었다. 그렇다보니 선생님의 계획에 자신들의 의견을 추가해 나름의 협상을 할 줄 아는 아이들을 만났고 난 그 아이들로부터 배울 수 있었다. 완벽한 계획은 있어도 완벽한 실행은 있기 힘들다는 것과 아이들은 배우는 것을 함께 선택하고 구성할 수 있는 능력이 있다는 것을 말이다.

그 이후 나만의 교육과정을 구성할 때 마음속에 담아두어야 할 세 가지가 생기게 되었다. (1)아이들과 함께 교육과정을 만들어 갈 수 있다는 것. (2)아이들과 함께 교육과정을 만들어 갈 수 있도록 여유(공간)를 남겨두어야 한다는 것. (3)교사는 계획을 통해 준비된 활동이 있어야 한다는 것(여유만 두고 준비하지 않아선 안 된다는 것).

교육과정을 만들다

'따라쟁이'에서 출발하다 첫 만남 교육과정 1.0

나에게 처음 첫 만남 프로젝트의 중요성을 일깨워준 계기는, 2015년 인디스쿨의 2월 집합연수에서 만난 선생님들의 학기 초 학생과 만남을 소개한 연수의 일부 프로그램 덕분이었다. 우선 '첫 만남'을 하루 또는 한 시간 만에 끝내는 것이 아닌, 아이들과 만들어가야 할 것과 서로에게 익숙해지는 시간, 교사가 아이들을 진단하고 알아가는 시간으로 한 주 가량 '첫 만남'을 진행하는 것이 신선했다. 그 이후 '첫 만남'과 관련된 활동을 하긴 해야겠는데 체계적으로 정하지 못했을 때 J교사의 '학급운영시스템' 책을 보며 도움을 받을 수 있었다. 책에는 1주일가량 첫 만남을 진행할 수 있는 시간표가 나온다. 그 표는 주간학습계획처럼 요일과 차시별 학습활동뿐만 아니라 그 주의 중점 사항과 목표까지 제시하고 있었다.

나만의 '첫 만남 프로젝트' 역시 여기에서 시작하였다. 하나의 완성된 틀 속에서 한글파일을 이용해 수정할 수도 있었고, J교사의 연수를 통해서 익혔던 내용이었기에 조금의 연습만 하면 그대로 '따라쟁이'가 될 수 있었다. 아무것도 모르는 상태라면 '따라쟁이'도 나쁘지 않다. 어쩌면 첫 시작은 거의 똑같은 활동과 내용으로 시작했다.

첫 만남 교육과정으로써 그 주의 중점 사항과 목표는 빼고 학습내용을 제시한 표는 다음과 같다.

이렇게 멋진 주간학습계획을 세우고 그해 아이들에게도 이 표를 인쇄해서 나눠주었고 큰 기대감으로 아이들과 함께 수업했다. 하지만 다른 선생님이 만들었던 자료를 바탕으로 몇 가지만 수정하고 수업했기 때문에 전반적인 모습이 나의 철학과 삶을 담아내지 못해서 겪는 어려움이 생기게 되었다. 특히 생활 노트와 마인드맵을 통해 학습내용을 정리하는 과정에서 아이들이 어느 정도 준비가 되어 있으며 습관이 어떠한지에 대한 고민 없이 매일 작성하게 함으로써 그해 시간이 흐르고 1학기가 마무리되어 갈 때쯤 아이들과 나는 거리감이 생기게 되었다. 아이들은 아이들대로 지치고 힘들어했으며, 나 역시 준비한 만큼 따라주지 않는 아이들에게 실망하며 다그치기만 했다.

첫 만남 교육과정 1.0 / 5학년

	3.2 금	3.5 월	3.6 화	3.7 수	3.8 목	3.9 금
행사	시업식				진단평가	
디딤	첫 아침인사	우리 반 소개 특별함 공개	아침을 여는 노래	아침 건강달리기	시험(평가)은 왜 볼까?	아침노래와 손 유희
1	1. 환영하기 □ 시업식 □ 교사소개/ 기본 규칙 □ 집중 신호	1. 소개하기 □ 이름표 □ 이름 빙고 (4*4)	1. 공부방법 □ 두뇌 이해 □ 타임아웃 □ 마인드맵 □ 전날 마인드 맵 하기 - 마인드맵(국, 수사) / 생활노 트(그외 전반)	1. 학급세우기 □ 원하는 반 □ '급훈' □ 가이드 -말과 행동	1. 진단평가 □ 국어 □ 수학 □ 영어	1. 문제해결8단계 □ 자주 경험하 는 문제들 □ 1단계 (감정조절)
2	2. 친해지기 □ 교실대형 □ 공동 체놀이 (의자놀이) □ 느낌나눔	2. 인생수업 (행복) □ 새의 날개 □ 행복찾기 □ 성품공부				□ 2단계 (평화대화법) 2. 의사소통 □ 말하기 연습
3	3. 학급일과 □ 학급일과 □ 만들기 연습 하기 □ 교실이동 □ 학급일과	□ 자신성품 돌 아보기 □ 나는 어떤 친 구일까? □ 더 발전하기 위해서는? □ 학급일과	2. 체육수업 (스포츠강사 선생님과 함께) □ 학급일과	2. 친해지기 □ 신의 선택 □ 공동체놀이 (술래잡기) □ 학급일과	 □ 학급일과	1. 문제해결8단계 □ 또래중재 3 □ 선생님상담 4 □ 학급 평화 회 의 5~8단계 □ 학급일과
4	4. 정리하기 □ 느낌나눔 □ 헤어지는 인사법 □ 돌림노래 부르기	3. 친해지기 □ 놀이의 6단계 □ 술래잡기 □ 느낌나눔	3. 타임캡슐 □ 1년 다짐/ 목표 세우기 □ 타임캡슐 만들기	3. 모둠세우기 □ 모둠활동 □ 모둠 세우기 활동 (역할/ 구호 등) □ 1인1역할(의미)	2. 의사소통훈련 □ 가라사대 □ 의사소통 기초 (머라비언 법칙)	
5		2. 인생수업 □ 5 성품 □ 아름다운 가치사전 4. 정리하기 □ 헤어지는 인사	4. 날개 사진 □ 사진 촬영 5. 정리하기 □ 생활노트 정리 □ 돌림노래	4. 정리하기 □ 생활노트 정리 □ 헤어지는 노 래/돌림노래	□ 듣기 -바라보고 듣기 -반응하며 듣기 -공감하며 듣기	3. 키스해링 작품 □ 키스해링작품 완성하기 □ 우리반 포스터
6				3. 친해지기 □ 공동체놀이 4. 정리하기 □ 생활노트	4. 정리하기 □ 헤어지는 노래 □ 생활노트	

74

"첫 만남이 중요하기 때문에 좋아 보이는 활동을 채우려고만 했지 아이들을 생각하거나 교사로서 나를 돌아보지 못했다."

아이들이 바뀌니까 '첫 만남'을 하게 된다 첫 만남 교육과정 1.1

이듬해 다시 5학년 담임으로서 새롭게 아이들을 만난 때에도 첫 만남 프로젝트를 가지고 수업했다. 물론 작년의 문제점을 보완하기 위해 나에게 맞는 활동과 내가 할 수 있는 활동을 선별했고, 이를 바탕으로 수정 보완하게 되었다. 혹시나 아이들이 쉽게 활동을 끝내는 경우를 대비해 여분의 교실 놀이활동을 준비하기는 했지만 큰 틀에서는 차이가 없었다. 아이들이 바뀌니까 다시 '첫 만남'을 준비할 수밖에 없었고, '첫 만남'이라는 주제가 나에게 조금씩 기록되고 누적되는 계기가 되었다.

'따라쟁이' 교육과정이었던 첫 만남 교육과정 1.0에서 조금씩 나만의 색깔을 입히는 것으로 새로운 교육과정이 생기게 되었다. 첫 만남 교육과정 ver 1.1에서는 작년 학생들과 나 모두 쉽지 않았던 '생활노트'(학습노트 정리)를 없애고, 어려운 단어와 개념이 상대적으로 많고 2학기 역사영역을 공부하는 사회 과목은 마인드맵으로 학습내용을 정리하는 것이 좋다고 생각했다. 더불어 학생들이 일기를 조금 더 의미 있게 쓰고 교사가 지도하기 위해 '일기는 무엇을 쓸까?'라는 내용으로 학생들과 첫 만남에서 나누기로 했다. 그리고 다른 학습내용은 크게 작년에도 어려움이 없었던 관계로 바꾸지 않고 그대로 활용하려 했다.

"똑같은 주제일지라도 교육과정은 변화하고 성장한다."

작년과 달리 조금씩 나(교사)에게 맞는 활동과 학습내용을 바꿔감에 따라 첫 만남 수업에도 자신감을 찾을 수 있었고, 그 자신감은 아이들도 알아챌 수 있었던 것 같다. 그런데 이러한 나의 첫 만남 교육과정은 두 가지 문제에 다다르게 된다.

잘 진행되던 첫 만남 프로젝트에서 아이들은 마지막 날 문제해결 8단계 수업에 의구심을 드러냈다.

"선생님, 작년에도 문제해결 8단계라는 걸 공부했어요. 그런데 첫 만남 때 공부한 내용을 까먹고 8단계 방법대로 안 한 것 같아요."

이 한마디가 아직도 많은 부분이 나와 학생들에게 맞지 않다고 느낄

첫 만남 교육과정 ver 1.1 / 5학년

	3.2 월	3.3 화	3.4 수	3.5 목	3.6 금
행사	시업식			진단평가	
디딤	첫 아침인사	"예쁘지 않는 꽃은 없다" (1달에 한 곡씩)	아침 건강달리기/걷기	시험(평가)은 왜 볼까?	아침을 여는 노래 "예쁘지 않은 꽃은 없다" 손 유희
1	1. 환영하기 □ 시업식 □ 기본 규칙 □ 인사 나누기 □ 집중 신호	1. 소개하기 □ 이름표 만들기 □ 이름 빙고 (4*4)	1. 공부방법 □ 두뇌 이해하기 □ 타임아웃 설명 □ 1년 학습법 - 수학학습지 - 일기쓰기 - 마인드맵(사회)	1. 진단평가 □ 국어 □ 수학 □ 영어	1. 문제해결8단계 □ 문제상황 □ 감정조절 1단계
2	2. 친해지기 □ 대형 안내 □ 공동체놀이 (의자놀이) □ 느낌 나누기	2. 인생수업(행복) □ 새의 양날개 □ 행복나누기 □ 성품공부 □ 나는 어떤 친구? 발전? □ 학급일과	□ 마인드맵 배우기 □ 마인드맵 쓰는 방법 배우기 □ 전날 마인드맵 하기		□ 평화대화법 2단계 2. 의사소통훈련 □ 말하기 - 내 생각 쓰고 말하기
3	3. 학급일과 □ 학급일과 안내 □ 학급일과 만들기, 연습하기 □ 교실이동 □ 학급일과	3. 친해지기 □ 놀이의 6단계 □ 술래잡기 (아메바, 바퀴벌레) □ 느낌 나누기	2. 체육수업 (스포츠강사 선생님과 함께) □ 학급일과	□ 학급일과	1. 문제해결8단계 □ 또래중재 3단계 □ 선생님상담 4단계 □ 학급평화회의 5단계~8단계 □ 학급일과
4	4. 정리하기 □ 느낌나누기 □ 헤어지는 인사법 □ 돌림노래	2. 인생수업 □ 5가지 성품 □ 아름다운 가치사전	3. 타임캡슐 □ 1년 다짐/목표 세우기 □ 타임캡슐	2. 의사소통훈련 □ 가라사대 놀이 □ 의사소통 기초 - 머라비언 법칙	
5		4. 날개 사진 □ 사진 촬영 5. 정리하기 □ 하루 돌아보기 □ 헤어지는 인사	5. 정리하기 □ 하루 돌아보기 □ 일기쓰는법 □ 헤어지는 인사/ 돌림노래	□ 듣기 -바라보고 듣기 -반응하며 듣기 -공감하며 듣기	3. 우리반 포스터 □ 우리 반 포스터 만들기
6				3. 친해지기 □ 공동체놀이 (술래잡기) 4. 정리하기 □ 하루 돌아보기	4. 정리하기 □ 하루 돌아보기 □ 헤어지는 인사/ 돌림노래

수 있었다. 실제 문제해결 8단계를 학생들에게 첫 만남 프로젝트에서 알려줄 때는 잘 이해하고 있으며, 당시에는 문제가 생기지 않았다. 그리고 1~2달이 지나면 아이들은 기존에 문제를 해결했던 방식으로 돌아가고 잊어버리기 일쑤였던 것이다. 교실에 8단계 절차와 방법들을 붙여놓고 지속적으로 게시하였어도 감정이 흔들리고 흥분하게 될 때는 제대로 활용하지 못한 것이다. 물론 가르쳐주지 않는 것보다 첫 만남에서 방법을 알려주고 1년 동안 활용하는 것이 중요할 테지만, 첫 만남 프로젝트에서 2~3차시에 걸쳐 학습했음에도 문제해결 단계가 아이들의 삶 속에서 쓰이지 못하는 점을 다시 생각해보게 되었다.

프로젝트가 끝나갈 때쯤 학부모의 문의 전화도 있었다. 주간학습계획을 받아보시고 학습내용이 어느 교과인지 알 수 없으며, 교과 학습에 집중해주었으면 하는 바람으로 문의하신 것이었다. 나는 전화통화에서 교사의 철학과 해당 프로젝트의 필요성에 대해서 다시 한 번 안내하고 상황을 말씀드리면서 학부모님이 궁금하셨을 상황에 대해서도 생각해보게 되었다.

그렇게 또 다른 첫 만남 교육과정을 만들어야 할 필요성을 느끼게 되면서 첫 만남 자료 파일에 메모를 해둔 채 다음 해에 반영해야겠다고 생각했다.

교과, 성취기준, 그리고 첫 만남 교육과정 1.2

　이듬해 역시 5학년을 맡게 된 것은 어쩌면 나의 첫 만남 교육과정이 변화되는 모습을 알 수 있는 더할 나위 없이 좋은 기회였다. 새로운 학년이었으면 그 학년 아이들의 특성도 파악하는 데 시간이 걸리며 국가 수준 교육과정에 대해서도 익숙하지 않아 새로운 시도를 하기 어려웠을 것 같다. 매년 'ㅇㅇ년 첫 만남 프로젝트'라는 이름의 폴더로 자료를 누적하다 보니 나도 모르게 변화되는 모습을 살펴볼 수 있었다. 그렇게 자꾸 살펴보다 보니 교육과정이라 부르기에는 빠진 부분(교과명, 성취기준, 평가 등)을 채울 수 있었고, 프로젝트로만 접근했던 나의 수업을 교육과정의 이름으로 변화시킬 수 있었다.

　같은 이름의 프로젝트를 같은 학년을 반복해서 함으로써 조금씩 학생과 교사에게 필요한 방향으로 정교화하는 과정을 거치게 되고 교육과정의 형태로 변해가는 것을 느끼게 되었다. 1주 동안 필요한 교과의 성취기준과 평가 내용을 기록하고 학습내용을 학생과 학부모에게 안내하니 이번에는 별다른 오해 없이 교육과정을 실행할 수 있었다. 학생과 학부모에게는 '교과'가 중요한 안내사항이었고 구분하기에 편다.

해를 거듭할수록 내가 교육과정을 계획하는 과정이 어렵지 않았고, 학습내용과 자료를 준비하는 데 들어가는 시간을 줄일 수 있었다. 자료를 누적하고 계획하고 실행한 교육과정은 시간이 걸리더라도 매년 활용할 수 있는 형태로 자리매김할 수 있었다.

"3년 연속 5학년 학생들을 만나는 과정을 통해 첫 만남 교육과정 1.2 형태가 가장 정교화되고 최선의 형태일 것으로 착각했는지도 모르겠다."

첫 만남 교육과정 ver 1.2 / 5학년

교과 성취 기준	[6국01-01] 구어 의사소통의 특성을 바탕으로 하여 듣기 · 말하기 활동을 한다. [6국01-07] 상대가 처한 상황을 이해하고 공감하며 듣는 태도를 지닌다. [6국03-01] 쓰기는 절차에 따라 의미를 구성하고 표현하는 과정임을 이해하고 글을 쓴다. [6도01-01] 감정과 욕구를 조절하지 못해 나타날 수 있는 결과를 도덕적으로 상상해 보고, 올바르게 자신의 감정을 조절하고 표현할 수 있는 방법을 습관화한다. [6도02-02] 다양한 갈등을 평화적으로 해결하는 것의 중요성과 방법을 알고, 평화적으로 갈등을 해결하려는 의지를 기른다. [6도04-01] 긍정적 태도의 의미와 중요성을 알고, 어려움을 극복하기 위한 긍정적 삶의 태도를 습관화한다. [6실01-01] 아동기의 신체적, 인지적, 정서적, 사회적 발달의 특징 및 발달의 개인차를 알아 자신을 이해하고, 건강하게 발달하기 위해 필요한 조건을 설명한다. [6체01-02] 건강을 유지하기 위한 체력 운동을 선택하고 자신의 수준에 맞게 운동 계획을 세워 실천한다. [6체01-03] 신체활동 참여를 통해 부족했던 체력의 향상을 체험함으로써 타인과 다른 자신의 신체적 기량과 특성을 긍정적으로 수용한다. [6음01-06] 바른 자세와 호흡으로 노래 부르거나 바른 자세와 주법으로 악기를 연주한다. [6미01-01] 자신의 특징을 다양한 방법으로 탐색할 수 있다. [6미01-04] 이미지를 활용하여 자신의 느낌과 생각을 전달할 수 있다.
창체	자율활동 - 자치 · 적응활동: 기본생활습관형성활동, 협의활동, 역할분담활동, 친목활동 등 자율활동 - 창의주제활동: 교실놀이활동
평가	[도덕] 갈등이 생겼을 때 문제해결방법을 알고 있으며 해결하려는 의지를 갖고 있는가? [창체] 학급특색활동에 적극적으로 참여하며 1주동안 성장하였는가?

	3.4 월	3.5 화	3.6 수	3.7 목	3.8 금
행사	시업식			진단활동	
아침 활동	첫 아침 인사	아침을 여는 노래 "예쁘지 않는 꽃은 없다" (1달에 한 곡씩)	아침 건강달리기/걷기	시험(평가)은 왜 볼까?	아침을 여는 노래 "예쁘지 않은 꽃은 없다" 손 유희
1	창체(자율) ☐시업식 ☐ 교사소개/기본 규칙 ☐ 집중신호	국어 ☐ 소개하기 (이름표만들기)	체육 ☐체육 첫시간안내 ☐1년체육활동소개 ☐ 체육규칙	국어 ☐ 진단평가	도덕 ☐문제가 생기면 어 떻게 해야할까? ☐ 1~2단계 (감정,대화법)
2	창체(자율) ☐ 책상배치/대형 안내 ☐ 공동체놀이 ☐소감나누기	도덕 ☐ 나는 어떤 친구 일까? ☐ 친구의 성품 알 아보고 자신의 성품 돌아보기	국어 ☐ 공부방법알기 ☐ 1년학습법 ☐ 일기,수학,마인 드맵 ☐ 일기는 어떻게 무엇을 쓸 수있 을까?	수학 ☐ 진단평가	도덕 ☐ 문제 해결방법 안내 ☐ 학급의 문제해 결법 결정하기
3	창체(자율) ☐ 학급 하루일상 만들기(급식, 교 실이동, 청소방 법 등)	도덕 ☐ 5가지 성품 ☐ 아름다운 가치사전		영어 ☐ 진단평가	실과 ☐ 서로서로달라요 ☐ 발달의 개인차 알기
4	음악 ☐1년 음악활동소개 헤어지는 방법과 헤어지는 노래 부르기	창체(자율) ☐ 공동체놀이 ☐ 소감나누기	국어 ☐ 1년 다짐/목표 세우기 ☐ 타임캡슐만들기	국어 ☐ 의사소통훈련 ☐ 말하기	창체(자율) ☐ 공동체놀이 ☐ 놀이의6수준
5		미술 ☐ 날개 사진 촬영 ☐ 개별, 단체사진	음악 ☐교실에서 듣고 싶 은 음악조사하기 ☐ 헤어지는 노래	국어 ☐ 듣기 ☐ 공감하기	미술 ☐ 우리반 포스터 만들기
6		음악 ☐ 헤어지는 인사 와 헤어지는 노 래부르기 ☐ 하루돌아보기		창체(자율) ☐ 공동체놀이 ☐ 소감나누기 ☐ 헤어지는노래	창체(자율) ☐1주간 돌아보기 느낌 나누기 ☐ 헤어지는 노래

새로운 학년을 시작하다 첫 만남 교육과정 1.3과 1.4

이듬해 새로운 학년으로 배정되었지만, 첫 만남 교육과정은 어느 학년이든 적용할 수 있다고 생각하고 있었기에 새 학년에 맞도록 교과성취기준과 학습내용, 시수의 일부분을 바꾸고 새롭게 실행하였다. 나는 새로운 학년에 맞게 교육과정을 계획하고 실행하는 것은 그렇게 어렵지 않다고 믿었고, 나의 첫 만남 교육과정이 어느 정도 자리를 잡았다고 생각했기에 별다른 문제가 없어 보였다.

첫 날과 둘째 날까지 학생들과 나는 교육과정 계획에 따라 수업을 이어나갔다. 그런데 둘째 날 2교시와 3교시로 이어지는 수업에서 〈아름다운 가치사전〉을 살펴보며 우리 반의 가치사전을 만들다보니 4교시 수업까지 영향을 받을 만큼 3교시가 늦게 끝났다. 4교시 공동체놀이 활동을 한다고 알고 있었던 아이들은 20분 정도밖에 활동할 시간이 없었지만, 열심히 같이 뛰어놀면서 즐겁게 공동체놀이 활동을 마무리했다. 그러나 아이들에게는 아쉬움이 컸던 것 같다. 다음 날(수) 3교시 때 공동체놀이 활동을 마무리하는데, 아이들 중 한 남자아이가 이렇게 말했다.

"선생님! 아침 활동 시간에 오늘 시간표 알려주셨잖아요. 그런데 3교시 수업 너

첫 만남 교육과정 ver 1.3 / 3학년

목표	새롭게 만나는 선생님과 친구들을 익히고 '나너우 3기'로서 공동체 의식을 갖고 행복한 성장을 이룰 수 있다.
교과 성취 기준	[4국01-01] 대화의 즐거움을 알고 대화를 나눈다. [4국03-02] 시간의 흐름에 따라 사건이나 행동이 드러나게 글을 쓴다. [4도01-01] 도덕 시간에 무엇을 배우며 도덕 공부가 왜 필요한지를 알고 공부하는 사람으로서 지켜야 할 규칙을 모범 사례를 통해 습관화한다. [4도02-02] 친구의 소중함을 알고 친구와 사이좋게 지내며, 서로의 입장을 이해하고 인정한다. [4음01-01] 악곡의 특징을 이해하며 노래 부르거나 악기로 연주한다. [4미02-01] 미술의 다양한 표현 주제에 관심을 가질 수 있다.
창체	자율활동 - 자치·적응활동: 기본생활습관형성활동, 협의활동, 역할분담활동 등 자율활동 - 창의주제활동: 교실놀이활동
평가	[도덕] 갈등이 생겼을 때 문제해결방법을 알고 있으며 해결하려는 의지를 갖고 있는가? [창체] 학급특색활동에 적극적으로 참여하며 1주 동안 성장하였는가?

	3.2 월	3.3 화	3.4 수	3.5 목	3.6 금
행사	시업식			진단활동	
아침 활동	첫 아침 인사	아침을 여는 노래	아침 건강달리기	시험(평가)은 왜 볼까?	"예쁘지 않은 꽃은 없다" 손 유희
1	창체(자율) □시업식 □ 교사소개/ 기본규칙 □ 집중신호	국어 □ 소개하기 (이름표 만들기)	국어 □공부방법 알기 □1년학습법 □일기, 수학, 마인드맵 □일기쓰는법	국어 □ 진단평가(읽기)	도덕 □ 문제가 생기면 □ 1~2단계 (감정, 대화법)
2	창체(자율) □ 대형안내 □ 공동체놀이	도덕 □ 난 어떤 친구? □ 성품공부		국어 □ 진단평가(쓰기)	도덕 □ 문제해결방법 안내 및 결정
3	창체(자율) □ 학급의 하루일상 만들기	도덕 □ 5가지 성품 □ 아름다운 가치사전	창체(자율) □ 공동체놀이 □ 놀이의 6수준	수학 □ 진단평가 (셈하기)	창체(자율) □ 공동체놀이 □ 소감 나누기
4	음악 □1년 음악소개 □헤어지는 노래	창체(자율) □ 공동체놀이 □ 소감 나누기	국어 □ 목표/다짐 □ 타임캡슐	국어 □ 의사소통훈련 □ 말하기	미술 □ 우리반 포스터 만들기
5		미술 □ 날개 사진 단체, 개별촬영	음악 □리코더연습 □헤어지는 노래	국어 □ 듣기 □ 공감하기	창체(자율) □1주 성찰 - 느낌 나누기

무 재미있어요. 4교시 때도 이어서 하면 안 돼요? 원래 하기로 했던 것은 나중에

하면 되잖아요."

어제의 아쉬움과 오늘의 즐거움이 이 아이에게는 선생님께 말해봐야

겠다는 용기로 다가왔던 것이었다.

한 학생의 용기어린 말 한마디에 아이들은 다 같이 동의하면서 나에

게 달려왔다. 그때 나는 계획대로 수업이 진행되길 바랐지만, 마음 한편

에는 "!"가 떠올랐다.

'내가 정한 계획과 내용을 바탕으로 학생들이 다 따라와 주기만을 바라고 있었

지만, 실제로 학생들이 원하는 활동은 따로 있었을까? 꼭 첫 만남 교육과정은 한

주만 하란 법이 없지 않을까?'

그렇게 처음 세운 계획을 실행 과정 속에서 다시 학생들과 함께 수정

하는 경험을 하게 되었다. 오히려 나는 틈이 없는 계획으로부터 100%

실행을 꿈꾸고 있었는지도 모르겠다. 아이들이 교육과정 속으로 들어

올 수 있는 틈이 없었기에 이전의 아이들도 말할 용기를 잃어버렸는지

도 모른다는 생각이 들었다.

첫 만남 교육과정 ver 1.4 / 3학년

	3.2 월	3.3 화	3.4 수	3.5 목	3.6 금	3.9 월
행사	시업식			진단활동		
아침활동	첫 아침 인사	아침을 여는 노래	아침 건강달리기	시험(평가)은 왜 볼까?	"예쁘지 않은 꽃은 없다" 손유희	주말이야기 나누기
1	창체(자율) □시업식 □교사소개/기본규칙 □집중신호	국어 □소개하기(이름표만들기)	국어 □공부방법알기 □1년학습법 □일기수학, 마인드맵 □일기쓰는법	국어 □진단평가(읽기)	도덕 □문제가생기면 □1-2단계(감정대화법)	국어 □지난 주말 있었던 일을 바탕으로 일기쓰기(주제 글쓰기)
2	창체(자율) □대형안내 □공동체놀이	도덕 □난어떤친구? □성품공부		수학 □진단평가(쓰기)	도덕 □문제해결방법 안내 및 결정	국어 □1년 다짐/목표 세우기 □타임캡슐
3	창체(자율) □학급의 하루 일상 만들기	도덕 □5가지 성품 □아름다운 가치사전	창체(자율) □공동체놀이 □놀이의6수준 □우리의 공동체놀이에 필요한 가치	수학 □진단평가(셈하기)	창체(자율) □공동체놀이 □소감나누기 □공동체놀이/체육 하다가 문제가 생기면 어떻게 하는 게 좋을까?	미술 □우리 반 포스터만들기
4	음악 □1년 음악소개 □헤어지는 노래	창체(자율) □공동체놀이 □소감나누기		국어 □의사소통훈련 □말하기		수학 □수학을 왜 공부? □공부법 □첫만남 돌아보기
5		미술 □날개 사진 단체 개별촬영	음악 □리코더연습 □헤어지는 노래	국어 □듣기 □공감하기	미술 □1주 성찰 - 느낌 나누기 □다음주 월요일 활동 정하기	

기존 계획과 다르게 수요일 3-4교시를 활용하여 공동체놀이를 여유 있게 하다 보니 수업 속에서 나누려 했던 이야기 중 '공동체놀이에서

필요한 가치'를 충분히 이야기할 수 있었다. 아이들과 연속 차시로 60분 활동하고 남은 20분을 활용해 놀이의 6수준과 필요한 가치를 이야기하다 보니 아이들의 만족감이 매우 높았다. 한 번 바뀌고 나니 금요일 공동체놀이 시간을 '많이' 하자는 데 대한 아이들의 요구가 높아지게 되었고, 그 과정에서 나는 아이들에게 선생님의 고민을 이야기할 시간으로 금요일 마지막 시간에 한 주간을 돌아보며 다음 주 월요일 해야 할 활동을 정하자고 이야기했다. 금요일 3-4교시 충분히 공동체놀이 활동을 한 뒤 아이들과 둥글게 모여 앉아 문제가 발생하면 어떻게 하면 좋을지 이야기를 나누자, 아이들은 자신들의 의견을 서슴없이 이야기했다. 다른 것보다 아이들의 요구를 받아들여준 상황으로 더 적극적으로 표현하지 않았을까.

마지막 시간 한 주간의 모습을 돌아보면서 우리가 함께하지 못한 활동을 어떻게 하면 좋을지 이야기를 나누었다. 여기에는 나의 고민도 이야기하면서 아이들과 함께 '공부게시판'을 만드는 것처럼 다음 주 월요일의 활동을 정하게 되었다.

학생들은 처음 계획 때 못한 활동인 '1년 목표 세우기' 활동과 '우리반 포스터 만들기' 활동을 월요일에 하고, 주말 동안 숙제가 없었으면 좋겠다는 의견과 일기를 어떻게 써야 할지 모르겠다는 의견을 주었다. 이를 반영하여 월요일 아침활동으로 '주말 동안 이야기 나누기'를 한 뒤 1교시 국어를 활용해 주제 글쓰기 형태로 일기를 써보자고 나와 아이들은 결정했다. 마지막 선생님의 바람으로 수학을 한 시간 정도 하자고 이야기했을 때 아이들은 흔쾌히 동의했다(월요일 5시간 수업 중 2~3가지는 이미 교사가 다시 계획하고 있었던 활동이었지만, 아이들과 함께 정한 활동은 일기쓰기 1가지였다).

"교육과정을 실행하는 과정에서 바뀐 계획을 수정하고 학생들과 하루의 시간을 더 만들어 교육과정을 다시 계획하는 과정은 나에게 생각의 전환점을 마련해주었다."

첫 만남 교육과정 2.0

사실 처음부터 첫 만남 프로젝트의 적절한 양과 시수를 구체적으로 고민하지 않았기에 너무나 당연히 '프로젝트니까 1주 단위가 좋겠다', '1주 동안은 전담 선생님들의 시간표를 고민하지 않아도 되니까 오롯이 내 수업으로만 채울 수 있으니까'라고 생각하고 있었다.

하지만 아이들과 함께 만들어가는 교육과정을 경험한 뒤 나에게는 아이들이 들어올 수 있는 틈(시간, 활동 등)이 없었다는 사실을 알게 되었고, 완벽한 계획만을 위한 계획을 세우고 있다는 생각이 들었다.

첫 만남 교육과정 ver 2.0 / 5학년

목표	새롭게 만나는 선생님과 친구들을 익히고 '나너우 4기'로써 공동체 의식을 갖고 행복한 성장을 이룰 수 있다.						
교과 성취 기준	[6국01-01] 구어 의사소통의 특성을 바탕으로 하여 듣기 · 말하기 활동을 한다. [6국01-07] 상대가 처한 상황을 이해하고 공감하며 듣는 태도를 지닌다. [6국03-01] 쓰기는 절차에 따라 의미를 구성하고 표현하는 과정임을 이해하고 글을 쓴다. [6도01-01] 감정과 욕구를 조절하지 못해 나타날 수 있는 결과를 도덕적으로 상상해 보고, 올바르게 자신의 감정을 조절하고 표현할 수 있는 방법을 습관화한다. [6도02-02] 다양한 갈등을 평화적으로 해결하는 것의 중요성과 방법을 알고, 평화적으로 갈등을 해결하려는 의지를 기른다. [6도04-01] 긍정적 태도의 의미와 중요성을 알고, 어려움을 극복하기 위한 긍정적 삶의 태도를 습관화한다. [6실01-01] 아동기의 신체적, 인지적, 정서적, 사회적 발달의 특징 및 발달의 개인차를 알아 자신을 이해하고, 건강하게 발달하기 위해 필요한 조건을 설명한다. [6체01-02] 건강을 유지하기 위한 체력 운동을 선택하고 자신의 수준에 맞게 운동 계획을 세워 실천한다. [6체01-03] 신체활동 참여를 통해 부족했던 체력의 향상을 체험함으로써 타인과 다른 자신의 신체적 기량과 특성을 긍정적으로 수용한다. [6음01-06] 바른 자세와 호흡으로 노래 부르거나 바른 자세와 주법으로 악기를 연주한다. [6미01-01] 자신의 특징을 다양한 방법으로 탐색할 수 있다. [6미01-04] 이미지를 활용하여 자신의 느낌과 생각을 전달할 수 있다.						
창체	자율활동 - 자치 · 적응활동 : 기본생활습관형성활동, 협의활동, 역할분담활동, 친목활동 등 자율활동 - 창의주제활동 : 교실놀이활동						
평가	[도덕] 갈등이 생겼을 때 문제해결방법을 알고 있으며 해결하려는 의지를 갖고 있는가? [창체] 학급특색활동에 적극적으로 참여하며 1주 동안 성장하였는가?						

	3.4 월	3.5 화	3.6 수	3.7 목	3.8 금	3.11 월	3.12 화
행사	시업식			진단평가			
아침 활동	첫 아침 인사	아침을 여는 노래	아침을 여는 명상	시험(평가) 왜 볼까? (초콜릿?)	너희들이 원하 는 아침활동	다시 만나서 반가워	아침을 여는 노래

	창체(자율)	국어	창체(자율)	국어	창체(자율)	국어
1	□교사 소개 (선배들의 이야기 마인드맵)	□자기소개 □이름 외우기	□매슬로우 욕구 □학급세우기 □학급일과	□진단평가	□매슬로우 욕구 □학급공동의 목표세우기	□지난주 이야기 □이번주 이야기 □활동정하기
	창체(자율)	미술	도덕	수학	국어	영어
2	□시청각실 □우리 학교 알아봐요 (1)	□날개단체 사진 □자신 드러내는 사진	□행복 나누기 □성품공부 성품알기 □5가지 성품	□진단평가	□공부는 왜 해야할까? □마인드맵 □일기장쓰기	□전담수업
	도덕	창체(자율)	미술	영어	창체(자율)	체육
3	□배려, 존중, 책임 □희망동전탑	□공동체놀이 □놀이의 6단계	□나를 알리는 이름표, Tag만들기	□진단평가	□공동체놀이 □전학년이 모여서 친해지는 놀이 □1-6학년 모둠 만들기	□체육 첫수업 안내사항 규칙소개(스포츠강사)
	국어	창체(자율)	창체(자율)	창체(자율)		
4	□느낌 나누기 □헤어지는 인사	□학급 세우기 □학급일과 만들기	□공동체 놀이 □느낌 나누기	□공동체놀이 □술래잡기		
		과학	국어	도덕	국어		과학
5		□전담수업 (과학실)	□1년다짐, 목표 □타임캡슐 만들기 □헤어지는 인사	□분노조절 방법(1-3-10) □문제해결 방법익히기 □마음 전달하기	□의사소통 방법알기 □듣기 □공감		□전담수업 (과학실)
6		□헤어지는 인사		□헤어지는 인사 □느낌 나누기	창체(자율) □서클회의 □1주일 닫기 □헤어지는 인사		□헤어지는 인사

결정해요	(국어) 학급울타리 세우기 (약속과 규칙) (실과) 서로 서로 달라요 (나, 너, 우리) (미술) 학급 단체 작품 만들기 (포스터)	(음악) 리코더, 공부하고 싶은 노래 정하기 (창체) 공동체놀이, 공동체산책(산행) (수학) 수학 공부법 안내 여러분이 공부하고 싶은 활동

그렇게 '첫 만남 교육과정 2.0'을 계획했고 아이들과 함께 교육과정을 만들어가기 위한 준비를 하게 되었다. 기존의 첫 만남 교육과정 1.0/ 1.1/ 1.2/ 1.3/ 1.4와는 다르게 '2.0'으로 이름을 정한 이유는 아이들이 첫 만남을 '공부하면서 들어올 수 있는 틈'을 열어주었기 때문이다. 첫 만남 교육과정 2.0을 운영하기 위해 아이들과 학부모에게 주간학습안내(교육과정 안내)를 할 때도 빈칸으로 제시하였다. 그러자 '왜 다음 주 월요일, 화요일은 비어 있어요 선생님? 노는 거예요?'라는 반응이 많았다. 아이들에게 왜 선생님이 빈칸으로 수업을 계획하였는지 설명해주고, 월요일(3.11) 1교시에 함께 공부할 내용을 정할 것이라고 알려주었다.

  교사가 '첫 만남 교육과정'에 대해서 꼭 필요한 활동이나 대체 할 수 있는 활동이 무엇인지 알고 있었기 때문에 빈칸으로 학생들에게 제시하였다 할지라도 크게 두렵지 않았다. 만약 학생들이 스스로 공부하고 싶은 활동을 찾아내지 못하거나 학습의 방향과 우리 반의 철학과 벗어난 활동(나, 너, 우리 모두의 성장을 위한 활동)을 선택한다면 교사가 미리 준비해 놓은 활동(주간학습계획표 아래 '결정해요' 부분)을 하면 된다고 믿기 때문이다. 따라서 (1)첫 만남 교육과정의 목표, 교과성취기준, 창체 등을 고려하여 학생들이 원하는 활동을 채워 넣거나 또는 (2)교육과정의 목표와 주제를 벗어나지 않는 범위에서 학생들이 원하는 활동이 있을 경우 해당 성취기준을 새롭게 추가하고 수업을 만드는 과정으로 학생들과 함께 교육과정을 만들어 갈 수 있다고 생각했다.

이렇게 '첫 만남 교육과정 2.0'을 실행하면서 아이들이 '결정'할 수 있는 공간을 열어주게 되자 아이들은 신기해하기도 하고 나름의 주인의식을 갖고 수업에 참여할 수 있었다. 공부하고 싶은 활동을 직접 정할 수 있고 순서도 바꿀 수 있다는 것을 알게 된 아이들은 그 해 더 주도적으로 참여하게 되었다고 나는 믿고 있다. 그리고 매년 '첫 만남 교육과정'을 준비할 때는 2.0에서부터 시작해서 또 업그레이드시키고 있다.

교육과정을 돌아보다

'첫 만남'은 아무래도 교사가 중심이 되어야 할까?

대부분의 교사는 그렇게 생각할 것이다. 빠지지 않을 만큼의 크기로 계획은 촘촘히 준비하고 심지어 활용할 교구와 자료까지도 제대로 갖춰 교육과정을 실행할 것이다. 그러나 막상 1시간만 아이들과 이야기 나눠 보고 수업을 계속하다 보면 아이들은 어느새 긴장이 조금씩 풀어지기 시작한다. 그리고 자신들의 색깔을 드러내기도 하는데, 이 순간이 나는 교사가 놓치지 않아야 하는 부분이라 생각한다.

나 역시도 교사가 중심이 되어 처음부터 모든 계획을 완성하고 꼼꼼히 작성한 다음 수업을 안내하고 진행했다. 그러다 보면 발생하는 변수들에 나도 모르게 조급해지고 계획에 다 맞추다보면 스스로에게 안타까움과 아쉬움을 말하면서도 욕심을 부리고 있었다. 물론 교사로서 교육과정을 계획하지 않고 아이들과 처음 만난다는 것은 아이들에게도 선생님에게도 힘든 과정일 것이라는 것을 알고 있기에 여러 자료를 활용하여 첫 만남을 준비하는 경우가 많을 것이다. 교사들의 철학과 수업 방법에 따라 그 양과 내용이 일부 다를 것이지만, '첫 만남'과 관련된 활동을 하는 이유는 비슷하고 학생들을 아직 만나기 전 수업을 준비하는 것이기에 교사가 중심에 설 수도 있다.

그럼에도 한 부분에는 학생이 들어올 수 있는 틈을 준비해두는 것이 1년 동안 공부하면서 크게 작용했다. 첫 만남에서부터 교사가 중심이 되고 학생들이 들어올 틈이 없을 때 1년 동안 아이들에게 선택과 구성의 기회를 제공하더라도 한계가 있었다. 하지만 첫 만남에서부터 들어올 틈을 준 경우, 1년 동안 아이들이 주도적으로 활동, 내용, 공부 방법을 선택하는 빈도가 더 많았고 또 그렇게 선택권을 얻은 아이들은 학습에 더 많이 참여할 수 있었다.

모든 수업에서 학생과 함께 만드는 교육과정이 필요한 것이라 말하고 싶은 것은 아니다. 때론 기초, 기본교육이 중요한 경우도 있고 교사가 중심이 되어 학생들에게 알려주어야 할 내용도 있기 때문이다. 하지만, 교실의 주인이 학생과 교사이듯 수업의 주인도 학생에게 돌아가기 위해 들어올 수 있는 공간은 언제나 열려있어야 한다고 믿는다.

교육과정을 업그레이드시키는 것의 의미

사실 수업을 하다 보면 교사가 목표로 했던 시간과 활동이 모두 이뤄지는 경우보다 계획과 달라지는 순간이 더 많다. 학생과 상호작용하거나 수업 상황 속 작은 변수로도 교사의 의도는 많이 뒤틀리고 그 과정 속에서 다시 교사, 학생이 계획한 길을 찾아가곤 한다. 그렇기 때문에 내가 계획한 '첫 만남 교육과정'에서 실제 실행하면서 달라지는 것을 구태여 1.3 / 1.4 / 2.0과 같이 의미를 부여하는 것이 어떤 큰 의미가 있겠냐고 말할 수도 있다. 1년 동안 학습할 내용을 교육과정 진도표(또는 연간수업계획)를 '학년/학급 교육과정' 속에서 작성하고 정보공시한 뒤 실제 수업은 달라지는 사례를 경험적으로 습득한 교사라면 더 없이 계획에서 틀어져도 상관없다고 여길 수 있기 때문에 더 그렇게 느낄 것이다. 그렇게 교사들은 수업 계획은 계획일 뿐, 달라지는 것에 의미를 부여하지 않는 경우가 많았다.

그러나 나는 똑같은 주제를 매년 다르게 만나는 학생들에게 적용하기 위해 자료를 누적하게 되었고 그 결과로 차이를 조금씩 느끼게 되었다. 1주~2주 동안 바쁜 3월 초 학생들 만남을 준비하는 과정은 해가 바뀌더라도 해야 하는 일이기에 학년이 변해도 필요한 자료로 인식되었다. 하나의 프로젝트에서 시작하였던 '첫 만남'이 하나의 교육과정으로 인식하고 조금씩 바뀌어가고(ver. 1.1~1.3), 학생이 수업 내용과 방법, 활동을 선택할 수 있는 기회를 제공하는 것(ver. 1.4~2.0)으로 '첫 만남 교육과정'이 만들어졌다. 나만의 브랜드와 같이 '첫 만남 교육과정'은 어느 학년을 맡게 되더라도 활용할 수 있는 하나의 틀이 되었다(언제나 첫 만남은 중요하기 때문에). 그러면서 다른 주제도 어느 학년이든 활용할 수 있겠다는 생각을 하게 되었고 'Remember 교육과정'(4월-기억해야 할 일들을 중심으로 2주 단위로 구성한 교육과정/제주4·3사건, 4·16세월호 참사, 장애인의 날)을 만들 수 있게 되었다.

'첫 만남 교육과정'과 마찬가지로 'Remember 교육과정 2.0' 역시 활동과 내용 등을 결정할 수 있도록 학생들에게 선택권을 내어주었으며 함께 만들어가며 버전을 업그레이드시키고 있다. 간략하게 'Remember 교육과정 2.0'을 소개하면 다음과 같다.

Remember 교육과정 2.0

목표	우리가 기억해야 할 일들을 알아가며 '나너우 4기'의 안전하고 인권이 지켜지는 교실을 만들 수 있다.
교과 성취 기준	[6국01-02] 의견을 제시하고 함께 조정하며 토의한다. [6국03-03] 목적이나 대상에 따라 알맞은 형식과 자료를 사용하여 설명하는 글을 쓴다. [6국05-02] 작품 속 세계와 현실 세계를 비교하며 작품을 감상한다. [6사02-02] 생활 속에서 인권 보장이 필요한 사례를 탐구하여 인권의 중요성을 인식하고, 인권 보호를 실천하는 태도를 기른다. [6도03-01] 인권의 의미와 인권을 존중하는 삶의 중요성을 이해하고, 인권 존중의 방법을 익힌다. [6음01-01] 악곡의 특징을 이해하며 노래 부르거나 악기로 연주한다. [6미02-03] 다양한 자료를 활용하여 아이디어와 관련된 표현 내용을 구체화할 수 있다.
활동 요약	3월 마지막 주 금요일~4월 둘째 주(필요시 4.16까지 연장) -4월 달력을 보며 기억해야 할 날 찾아보기 -'무명천 할머니' 그림책 읽기 -동백꽃의 의미와 동백꽃 만들기 -안전하고 인권이 지켜지는 교실의 의미 찾기 -노란색 바람개비의 의미를 알고 4.16 세월호 이야기하기 -4·16 세월호 참사를 기억할 수 있는 방법 토의하기 -4·16 세월호 참사를 기억할 수 있는 물건 만들고 기억하기 -인권의 의미를 탐색하고 장애인의 일상 체험하기 (글쓰기) -학생들이 원하며 할 수 있는 활동 등

교사가 중심이 되는 교육과정은 1.0부터 번호를 붙여가고, 학생이 들어올 수 있는 공간이 마련되어 함께 만들어가는 교육과정은 2.0부터 번호를 붙여가며 기록을 남기고 있다.

그리고 올해(2020년)는 코로나19로 인해 학생들의 대면수업이 원활하지 않고, 코로나 블루(Covid blue)를 겪는 아이들과 함께 이 상황을 극복해보자는 의미와 영어 전담으로써 즐겁게 영어를 배우도록 하기 위해

할로윈 교육과정 2.0을 계획하고 실행했다(할로윈 교육과정은 2.2까지 아이들의 의견을 반영하여 조정되고 실행됐다).

완벽한 계획은 존재한다. 그러나 완벽한 실행은 힘들다

처음부터 완벽한 계획을 짜는 것은 너무나 힘들기에 경험적으로 검증이 된 좋은 사례(J교사의 학급운영시스템 등)를 바탕으로 나에게 맞춰가며 실행하는 과정을 거쳤다. 그러다 보니 모방하거나 참고하는 형태로 완벽한 계획을 만드는 것은 오히려 쉬웠지만, 실행하면서 나에게 완벽하지는 못했던 것이다. 그렇게 '나'의 교육과정을 찾아가는 과정을 거치면서 완벽한 실행은 힘들다는 사실과 함께 학생들이 들어올 수 있는 공간이 처음부터 마련되어 있어야 한다는 생각. 그렇게 만들어지는 나의 교육과정 2.0은 언제나 다른 이름의 주제로써도 '첫 만남 교육과정'과 마찬가지로 할 수 있다는 자신감을 심어주었다.

　사실 '첫 만남 교육과정'의 경우 교사가 선택하고 구성할 수 있는 활동 및 자료가 많은 주제이기 때문에 여기 소개된 것이 가장 좋은 사례가 아닐 수 있다. 더군다나 J교사의 자료를 활용하였거나, 여러 책자를 바탕으로 구성하고 실천교육교사모임과 인디스쿨 등을 참고하여 구성하였기 때문에 또 다른 교육과정은 얼마든지 만들 수 있을 것이다. 오늘보다 내일 더 성장하는 교사교육과정이 되길 바라본다.

교육과정의 의미

첫 만남 교육과정 1.0 프로젝트 수업, '따라쟁이'(5학년)

첫 만남 교육과정 1.1 나만의 색을 입히기(5학년)

첫 만남 교육과정 1.2 교과, 성취기준, 평가 기록하기(5학년)

첫 만남 교육과정 1.3 새로운 학년에 적용하기(3학년)

첫 만남 교육과정 1.4 아이들의 이야기를 반영하기(3학년)

첫 만남 교육과정 2.0 아이들이 들어올 수 있는 틈(공간)을 준비하기(5학년)

첫 만남 교육과정 2.0의 특징

- 수업 만들기를 할 수 있는 시간 배정하기(예: 월요일 1교시)
- 주간학습안내(시간표)에서 함께 만들 수업(공간)을 빈 칸으로 학생, 학부모에게 안내하기
- '결정해요'를 바탕으로 함께 만들 수업(공간)을 학생들과 결정하기

선생님의 교육과정은 무엇으로부터 출발했나요?

학생과의 첫 만남은 피할 수 없는 과정이고, 학생의 삶(만남)과 앎(배움)을 담을 수 있도록 '내용'을 고려하면서 교육과정을 만들었습니다.

선생님의 교육과정은 어떤 크기로 만들어졌나요?

첫 만남 프로젝트라는 이름으로 '1주' 크기였지만, 점점 학생들의 요구를 반영하기 위해 '2주'까지 교육과정을 만들었습니다.

선생님의 교육과정은 어떻게(어떤 방법으로) 만드셨나요?

학생들에게 필요하며 함께 할 수 있는 활동과 내용을 선택하고, 기존 교육과정을 조정하여 교육과정을 만들었습니다.

4. 우리는 마을 해결사!

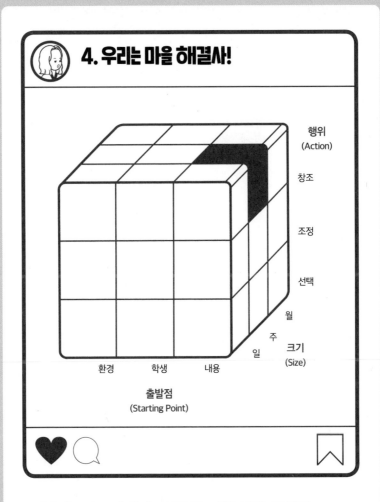

행위
(Action)

창조

조정

선택

월

주

일

크기
(Size)

환경   학생   내용

출발점
(Starting Point)

수업 속에 교과, 교사, 학생 모두를 담고 싶은 두리두리 쌤의

우리는 마을 해결사 교육과정 이야기

#교사와학생이함께만든교육과정 #사회도덕통합교육과정 #일주일분량

나를 만나다

'나는 어떤 선생님이 되고 싶은가?'

교직에 들어서며 가장 먼저 했던 질문이자, 지금까지도 하고 있는 질문이다. 이 질문에 대한 답을 찾으며 '나'를 돌아봤다. 내가 제일 재밌게 할 수 있는 것, 가장 잘할 수 있는 것이 무엇일지 고민했고 그에 대한 대답이 바로 수업이었다.

'나는 (내용 전달) 수업을 잘하는 선생님이 되고 싶었다.'

그 뒤로 이것, 저것 연수를 들으며 좋다는 것들을 나의 수업에 적용했다. 수업에서 놀이도 하고, 연극도 하고, 하브루타도 해보고, 프로젝트도 만들었다. 그러다 보니 자연스레 학습활동도 다양해지고 학습결과(산출물)도 풍부해졌다. 그런데 이상했다. 나는 이만큼 열심히 하는데 학생들은 그만큼 따라오지 못했다. 처음에는 학생들을 이해하지 못했다. 그런데 한 해, 두 해가 지나면서 깨달았다. 이 수업에는 교과(지식)도 있고 교사도 있지만 가장 중요한 학생이 빠졌다는 것을 말이다.

'나는 교과, 교사, 학생이 담긴 수업을 만드는 선생님이 되고 싶다.'

그러던 중, 연수에서 자신만의 수업을 만드는 선생님들을 만나게 되었다. 정말 신기하게도 그 선생님들의 수업에는 교과도, 교사도, 학생도 모두 들어있었다. 선생님들은 이것들을 담아내기 위해 수업 너머의 성취기준(국가수준 교육과정) 사용하며 자신만의 수업, 즉 또 다른 형태의 교육과정을 만들고 있었다. 그 수업들은 내가 보기에는 너무나 특별했지만, 그 선생님들에게는 그저 하나의 일상일 뿐이었다. 그저 선생님들은 매일 마주하는 교실 속 학생들에서 출발하여 교육과정을 만들고 수업으로 풀어낼 뿐이었다. 그래서 그 선생님들을 만나며 나도 내 수업에 빠졌던 학생들을 수업 속에 담아내기 위해 교육과정을 공부하기 시작했다.

그리고 올해 교사교육과정연구회에 들어가게 되었다. '교육과정이 무엇인가?'에 대해 깊은 대화를 나누며 하루를 보내고, '교사가 왜 교육과정을 만들어야 하는가?'에 대해 열띤 토론을 벌이며 또 하루를 보냈다. 모임이 끝날 때쯤이면 혼이 나가서 '힘들어요', '진 빠져요'라고 말하면서도 '그런데 좋아요', '너무 재밌어요'라며 말했다. 때로는 뿌듯했던 경험을, 때로는 폭삭 망했던 경험을 나누면서 각기 다른 교육과정 속에서 교육과정에 대한 지향점을 찾아갔다. 결국, 우리가 만들고 싶은 교사 교육과정은 '학생의 앎과 삶이 연결된 교육과정'이자, '국가수준 교육과정이라는 공통성을 유지하되 교사의 철학과 아이디어라는 다양성을 담아내는 교육과정'이자, '교과, 교사, 학생, 환경에 따라 유연하게 변화하는 교육과정'이었다. 이렇게 난생 처음 선생님들과 교육과정에 대한 고민을 나누고, 경험을 공유하며, 교육과정을 만들고 있다. 교과, 교사, 학생이 담긴 수업을 만드는 선생님이 되기 위해서 말이다.

교육과정을 만들다

개발 1차: 선생님들과 교육과정을 구상하고 만들다

교사교육과정연구회에서 선생님들과 교육과정에 대한 지향점을 찾은 뒤에, '그래! 그럼 만들어보자!'라고 외치며 4학년 교육과정을 개발했다.

먼저, 교육과정을 어떻게 개발할 것인지를 논의했다. 특정 주제를 중심으로 여러 교과를 연결하며 만들 수도 있지만, 이번에는 2~3개의 교과를 중심으로 주제를 연결해서 만들기로 했다. 이에 어떤 교과를 중심으로 교육과정을 만들면 좋을지 찾아보다가 교과 간 인접성과 연관성이 높은 사회와 도덕 교과로 결정했다. 그리고 교과서와 지도서를 살펴보며 단원을 선정하고 이와 관련된 교육과정(성취기준)을 찾아봤다.

교과 및 단원	(사회)4-1-3. 지역의 공공기관과 주민 참여
	(도덕)4-1-2. 공손하고 다정하게

[4사03-05] 우리 지역에 있는 공공기관의 종류와 역할을 조사하고, 공공기관이 지역
주민들의 생활에 주는 도움을 탐색한다.

[4사03-06] 주민 참여를 통해 지역 문제를 해결하는 방안을 살펴보고, 지역 문제의 해결에
참여하는 태도를 기른다.

[4도02-03] 예절의 중요성을 이해하고, 대상과 상황에 따른 예절이 다름을 탐구하여 이를
습관화한다.

그리고 교육과정 속에 우리가 담고 싶은 것들을 연결했다.

우선, 교육과정에 교과의 특성을 드러내기로 결정했다. 사회가 지식적 측면이 강하고 도덕이 가치적 측면이 강하므로 사회를 중심으로 내용을 구성하되, 전체를 아우르는 태도로 도덕을 적용하면 좋겠다고 생각했다. 이에 사회과 성취기준 [4사03-05]와 [4사03-06]을 '지역 문제, 공공기관, 문제 해결'이라는 내용 요소로 나누고 이를 학습주제로 설정했다. 또, [4도02-03]에서 다루는 예절은 학습의 주요 가치로 선정하여 수업에 다루기로 했다.

둘째, 교육과정에 학생들의 요구를 반영하기로 결정했다. 학생들의 앎과 삶을 연결하기 위해서는 학생들이 알고 싶은 것과 하고 싶은 것을 수업 속에 반영해야 한다고 생각했다. 이에 1~2학년군 통합교과의

구성 차시에서 아이디어를 가져와 수업 첫 시간에 공부 게시판을 만들기로 했다. 그래서 학습주제를 중심으로 교사와 학생이 함께 학습내용, 활동, 순서를 정하기로 했다.

셋째, 교육과정을 집중하여 운영하기로 결정했다. 학습에 몰입하기 위해서는 수업을 분절적으로 운영하기보다는 연속적으로 운영하면 좋겠다고 생각했다. 수업에서 다룰 수 있는 시간을 계산해보니 사회는 14시간, 도덕은 4시간으로 총 18시간이었다. 이 정도면 거의 일주일 동안 연속해서 운영할 수 있었다. 그래서 부족한 시수는 창의적체험활동에서 가져와서 일주일 내내 수업을 운영하기로 했다.

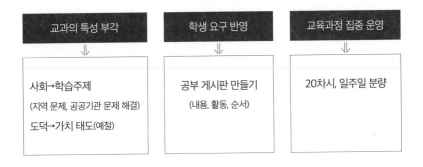

이렇게 교육과정에서 우리가 담고 싶은 것들을 연결하며 구체적인 내용과 활동, 평가로 나타냈다.

학습 주제	학습내용	학습활동	평가	시수
수업 열기		선수학습 확인 공부 게시판 만들기		1
지역 문제	우리 마을의 문제 찾기	<예시 활동> 노래 만들기 포스터 만들기 만화 그리기 뉴스 보도하기 신문 만들기 프레젠테이션 만들기 견학하기 포스터 그리 제안하는 글쓰기 약도 그리기 스크랩하기 주민 회의하기 캠페인 활동하기 우리가 정하기	[4도02-03] 대상과 상황에 따른 예절을 생각하며 친구와 의견 조정하기	6
	우리 마을 문제를 해결할 방법 찾기			
공공 기관	우리 마을의 공공기관 알아보기		[4사03-05] 우리 마을의 공공기관 종류와 역할 알아보기	6
	공공기관에 도움 요청하기			
문제 해결	우리가 마을 문제 해결하기		[4사03-06] 우리 마을 문제 해결하는 태도 기르기	6
	다양한 지역 문제 해결 사례 알아보기			
수업 마무리 하기		소감 나누기 학습 정리 및 평가하기		1
계				20

최종적으로 이 교육과정을 통해 학생들이 가지길 원하는 모습을 그려보며 이에 어울리는 이름을 지었다.

"이 교육과정은 학생들에게 정치 참여를 위한 첫걸음을 돕기 위해 선정되었다. 마을 속에서 학생들은 '우리가 몰랐던 마을의 모습'을 들여다보며 마을 곳곳에 도움을 주는 사람들을 확인하고, 이에 자신이 도움을 줄 방법을 탐색하며 '우리가 만드는 마을의 변화'를 끌어낸다. 이처럼 마을이라는 작은 공동체는 학생이 민주시민 또는 세계시민으로 성장하도록 돕는 발판이 된다. 그에 따라 학생들이 마을에 관심을 가지고, 성숙한 주민으로 성장하길 기대하며 '우리는 마을 해결사!'라는 이름의 주제를 선정하였다."

이러한 과정으로 선생님들과 '우리는 마을 해결사!' 교육과정을 만들었다. 교육과정을 만들고 보니 뼈대밖에 없었다. 이제 교실에서 학생들과 함께 살을 붙이며 교육과정을 만들 차례이다.

개발 2차: 학생들과 교육과정을 만들어서 수업으로 구현하다

'우리는 마을 해결사!' 교육과정을 나의 학급으로 가져오며 몇 가지를 수정했다. 나도 처음, 학생들도 처음이니 수업 열기(수업 계획하기) 시간을 2시간으로 늘리고 수업 준비(수업 준비하기) 시간을 1시간 추가하여 학급 실정에 맞게 수업을 운영하기로 했다.

수업을 열며(계획하며) 학습주제인 '지역 문제, 공공기관, 문제 해결'을 칠판에 적어보며 학생들과 이에 대해 자신이 알고 있는 것과 경험한 것을 이야기해보았다. 이후, 분홍색 포스트잇을 2장과 노란색 포스트잇 2장을 주고 학습주제에 대해 알고 싶은 것과 하고 싶은 것을 조사했다. 연구회 선생님들과 구상했던 것들을 예시로 제시하여 이 중에서 선택하거나 더 추가해도 된다고 말해주었다. 이후 칠판에 붙여진 포스트잇을 살펴보며 성취기준을 이수하는 데 필요한 것들, 내가 수업에서 다루고 싶은 것들은 추가로 포스트잇을 붙였다. 이렇게 학생들의 적은 내용을 바탕으로 비슷한 것끼리 묶으며 알고 싶은 것은 학습내용으로 하고 싶은 것은 학습활동으로 정리했다.

그런데, 예상치 못한 상황이 발생했다. 그림 그리기와 포스터 그리기가 여러 주제에 반복적으로 나타난 것이다. '그렇게 원한다면 하루 내내 그림 그리자!'라는 생각으로 포스터 그리기로 활동을 묶어내고 새롭게 학습 정리 시간을 만들어서 이를 집중적으로 다루기로 했다. 마지막으로 학생들과 학습 순서를 정하면서 공부 게시판 만들기를 끝냈다.

이후 교과전담 시간에 연구실에서 학생들과 함께 만든 공부 게시판을 다시 살펴보았다. 학생들과 수업 준비 시간에 무엇을 할까 고민하는

(순서) 학습주제	(1) 지역 문제	(2) 문제 해결	(3) 공공기관	(4) 학습 정리
알고 있는 것 / 경험한 것	쓰레기 문제, 주차 문제, 소음 문제	집중하기, 도움 요청하기, 나의 힘 보여주기, 목소리 내기	사람들이 같이 있 는 장소	
알고 싶어요 →학습내용	지역 문제의 종류, 우리 마을의 문제	우리가 문제를 해결하는 방법	공공기관의 뜻, 공공기관의 종류	포스터 그리기
하고 싶어요 →학습활동	직접 방문하기, 우리/다른 지역 문 제 찾아보기, 신문 만들기	역할극하기	공공기관 조사하기 (인터넷, 휴대전화)	

데 지역 문제에서 '직접 방문하기'라는 부분이 눈에 들어왔다. 정말 포스트잇에 적힌 대로 직접 마을을 돌아보면서 문제를 찾으면 훨씬 이해도나 집중도 면에서 훨씬 효과적이라 생각했다. 하지만 코로나19 상황으로 학교 밖에 나가서 활동을 진행하기가 조심스러웠다. 이에 '학급 전체로 방문은 못 하지만 혼자서 방문은 해도 되겠지?'라는 생각으로 수업 준비 시간에 '집에 가는 길에 우리 마을 문제를 찾아 사진 3~5장 찍어오기'라는 과제를 내주게 되었다. '집에 가는 길에…'라고 운을 떼워 가볍게 던졌지만, 오늘은 더욱더 관심을 가지고 마을 주위를 꼼꼼하게

살피라고 당부했다.

하교 후, 학생들과 함께 만든 공부 게시판을 다시 살펴보며 수업 시간표를 확정하고, 수업 내용과 흐름을 결정하고, 수업 자료와 평가 자료(활동지, 평가지)를 만들었다.

순	월	화	수	목	금
1	수업 계획하기	음악	2. 문제 해결	3. 공공기관	학습 정리 (포스터 만들기)
2		1. 지역 문제		영어	체육
3	음악		체육	3. 공공기관	학습 정리 (포스터 만들기)
4	영어				
5	수업 준비하기		2. 문제 해결		수업 마무리하기
6					

이러한 과정으로 학생들과 '우리는 마을 해결사!' 교육과정을 만들었다. 비록 연구회 선생님들과 만들었던 교육과정과 비교하면 그 모습은 매우 달랐지만 다뤄야 할 것과 담고 싶은 것은 모두 들어있었다. 이제 세부적인 교육과정을 만들어가며 수업으로 구현할 차례이다.

첫 번째 수업: 지역 문제, 우리 마을의 쓰레기 문제를 조명하다

학생들과 지역 문제에 대해서 알아본 뒤에, 사전 과제로 제시한 사진들을 확인해 보았다. 한 명 한 명 사진을 설명하는데 모든 학생이 마을에 버려진 쓰레기 사진을 가져왔다. 이에 쓰레기 문제에 초점을 두고 이 문제가 발생하는 원인과 이로 인해 불편한 점을 생각해보았다.

"사람들이 길가에 쓰레기를 왜 버릴까요?"

"귀찮아서요."

"분리수거장이 없어서요."

"그럼 쓰레기 때문에 어떤 점이 불편해요?"

"냄새가 나요."

"환경이 오염돼요."

"해충이 생겨요."

"보기 싫어요."

역시나! 이 문제를 잘 아는 건 너희들이구나!

그리하여 마을 문제를 조명하는 신문을 만들었다. 기사글을 처음 써 보는 학생들을 위해 예시 글을 여러 번 읽어보며 어떤 내용으로 어떤 방식으로 글을 쓰는지 살펴봤다. 그리고 문제에 초점을 두어 기사의 개요를 작성해보고 본문을 써 내려갔다. 나는 중간중간에 학생들의 글을 검토해주며 맞춤법과 오·탈자를 수정해주었다. 이렇게 11개의 완성된 기사글에 자신이 찍은 사진을 첨부하여 신문을 완성했다. 이를 하나로 모아 신문으로 만들고 학생들과 꼼꼼하게 읽어보며 쓰레기 문제에 대한 11명의 의견을 살펴보았다. 이제 초점이 맞춰졌으니 문제를 해결할 차례이다.

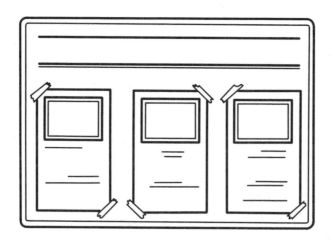

두 번째 수업: 문제 해결, 여러 주체가 되어 쓰레기 문제를 해결해보다

성취기준	평가 문항	평가 방법	자기평가 (◎, ○, △)
평가1 [4사03-06] 주민 참여를 통해 지역 문제를 해결하는 방안을 살펴보고, 지역 문제의 해결에 참여하는 태도를 기른다.	우리 마을의 문제 해결하기	우리 마을 문제를 해결하는 역할극 만들기	◎
평가3 [4도02-03] 예절의 중요성을 이해하고, 대상과 상황에 따른 예절이 다름을 탐구하여 이를 습관화한다.		예절을 생각하며 역할극 감상하기	◎

수업에 들어가며 자연스럽게 지난 시간에 학생들이 가장 관심을 보인 쓰레기 문제로부터 시작했다.

"애들아, 너희가 (공부 게시판을 만들며) 말했듯이 문제를 해결하기 위해서는 문제에 집중하고, 도움을 요청하며, 우리의 힘을 보여주는 거야!"

쓰레기 문제를 해결하는 방법	1. 쓰레기 줍는 도우미 정하기	6. 쓰리기통 만들기
	2. 내가 사람들과 치우기	7. 쓰레기차 부르기
	3. 벌금 매기기	8. 마법으로 쓰레기 치우기
	4. 경고표지판 붙이기	9. 개인용 쓰레기통 들고 다니기
	5. 쓰레기 버리지말라고 말해주기	10. 분리수거통 만들기

쓰레기 문제를 해결하는 방법을 브레인스토밍으로 포스트잇에 적어보았다. 나름대로 열심히 써 내려간 종이에는 기발한 의견도 재미난 의견도 있었다. 이를 칠판에 정리하며 열 가지 의견을 다시 살펴보고 TOP3를 선정하니 '벌금 매기기, 쓰레기통 만들기, 개인용 쓰레기통 준비하기'가 나왔다. 이에 각각의 해결방법에 따라 역할극 만들기를 시작했다. 활동을 계획하면서 가장 염려되었던 부분이 코로나로 인해 모둠 활동을 지양한다는 교육부 지침이었다. 그래서 '거리 유지만 한다면 괜찮겠지?'라고 생각하며 모둠 활동을 할 때 책상 간에 1미터씩 띄고, 연

습할 때도 1미터 띄며 거리를 유지했다. 다행히 학생들이 생각보다 잘 지켜주어 활동이 매끄럽게 진행됐다. 이후 역할극을 감상 예절을 약속으로 정하고, 학생들이 만든 역할극을 감상했다. 담배를 피우는 아저씨를 경찰에 신고하는 아이들, 놀이터에 버려진 쓰레기를 직접 줍는 아이들, 쓰레기통을 직접 설치하는 아이들. 해결 방법을 중심으로 개성이 넘치게 상황과 대사, 행동을 잘 구현해주었다.

"오늘 쓰레기 문제의 해결 방법을 찾고 역할극을 해보니 어땠나요?"

"친구들 연기가 재밌었어요."

"역할극을 해보니까 실제로 이런 상황이 발생하면 더 잘할 수 있을 것 같아요."

"저도 자신감이 생겼어요."

지역 문제 해결을 역할극으로 간접적으로 체험하면서 과연 태도가 길러질까? 라는 의문이 있었지만, 학생들의 반응을 통해 충분히 가능하다는 것을 깨닫게 되었다.

세 번째 수업: 공공기관, 우리 마을의 공공기관을 소개하다

성취기준	평가 문항	평가 방법	자기평가 (◎, ○, △)
평가2 [4사03-05] 우리 지역에 있는 공공기관의 종류와 역할을 조사하고, 공공기관이 지역 주민들의 생활에 주는 도움을 탐색한다.	우리 마을의 공공기관 소개하기	우리 마을의 공공기관을 소개하는 뉴스 만들기	◎
평가3 [4도02-03] 예절의 중요성을 이해하고, 대상과 상황에 따른 예절이 다름을 탐구하여 이를 습관화한다.		예절을 생각하며 뉴스 감상하기	◎

　공공기관을 도입하면서 예상치 못한 상황이 발생했다. 분명 공공기관인 것과 아닌 것을 구분하는 문제를 잘 풀었으면서 그렇게 대답을 잘했으면서 왜 이해를 못 한다는 표정을 짓는 거지? '주민 전체의 편의'까지는 정확하게 이해했는데 '국가가 세운'에서 궁금해했다. 교회랑 마트랑 학원의 소유주가 국가가 아니라는 것을 모르고 있었다. 아뿔사! 이에 하나씩 살펴보며 공공기관의 개념을 다져보는 작업을 했다. 시간이 걸렸지만 이렇게 개념이 명확하게 서고 나니 그 뒤의 우리 마을의 공공기관 조사하기, 공공기관을 소개하는 뉴스 만들기 활동이 수월했다. 싸움이 나서 동부경찰서로 온 아저씨, 코로나 검사를 받으러 동구보건소

로 온 학생, 친구에게 소포를 보내러 우체국을 온 아주머니. 실제 생활 속에서 있을 법한 상황을 실감 나게 뉴스로 잘 만들어 주었다.

> "오늘 공공기관을 찾아보고 뉴스를 만들어보니 어땠나요?"
> "○○이가 뉴스에서 전달을 잘해줬어요."
> "덕분에 우리 마을의 공공기관을 잘 알게 됐어요."
> "공공기관에서 하는 일을 알게 됐어요."

학생들은 뉴스를 만들며 그 과정을 즐거워했고 또 기억에 오래 남았던 것 같다. 덕분에 오늘 우리 마을에 어떤 공공기관이 있고 무슨 일을 하는지 제대로 안 것 같다.

네 번째 수업: 학습 정리, 포스터에 메시지를 담다

공공기관 수업이 생각보다 빨리 끝나서 5~6교시에 시간이 비었다. 그래서 뭘 할까? 고민하다가 내일 포스터 만들기를 위한 사전 활동으로 포스터물감으로 배경색을 칠했다. 여기저기서 "힘들어요", "노동이이에요", "어려워요"라고 불만의 목소리가 들렸다. 하지만 다음날 물감이 잘

말라서 예쁘게 완성된 결과물을 보니 그런 목소리가 쏙 들어갔다.

　본격적으로 포스터를 만들기 전에
학습한 내용을 전체적으로 훑고 나
서 원하는 내용으로 주제를 선정해보
았다. 대부분이 쓰레기 문제를 선택하
고, 일부분만 주민 참여를 선택했다.
얼핏 보면 환경과 포스터 그리기 활
동을 하는 것은 아닌가? 하는 생각도
들었다. 하지만 학생들은 우리 마을의

문제에 공감하며 '쓰레기를 버리지 말자'라는 메시지를 전하고 싶어했
다. 이후 주제에 맞게 문구와 그림으로 표현하고 이를 적절하게 배치하
여 포스터를 완성했다. 이후 갤러리 워크를 통해 모든 포스터를 차근차
근 살펴보고 칭찬 쪽지를 붙이며 마무리했다. 학생들이 열심히 만든 포
스터인데 교실에 두기는 아까웠다. 마을에 붙여서 홍보하자고 제안하
니 질색하는 학생들을 겨우 설득해서 학교 복도에 붙여놨다.

　수업을 마무리하며 학생들과 평가표를 확인하며 전체 학습을 돌아
보았다. ◎가 빼곡한 학생, ○을 다시 ◎으로 고치는 학생 등 본인들이

생각하기에도 공부를 잘했다고 느꼈나 보다. 나 역시도 그렇게 생각해.

"선생님, 이 수업 또 안 해요?"

"이 수업이라면 어떤 걸 말하는 거예요?"

"같이 수업 만들어서 하는 거요."

"왜? 또 하고 싶어요?"

"네, 또 해요."

학생들의 대답에 (그동안 힘들어서) '내일 수업도 그렇게 할 거야'라고 말은 못 했지만, 올해가 가기 전에 또 같이 수업을 만들어서 하기로 약속했다.

이렇게 '우리는 마을 해결사!' 교육과정을 완성했다.

교육과정을 돌아보다

"선생님, '우리는 마을 해결사!' 교육과정 교실에서 해보니까 어땠어요?"

"아쉬웠지만… 진짜 재밌었어요."

연구회에서 '우리는 마을 해결사!' 교육과정을 공유하며 말한 소감이다. 선생님들과 만든 교육과정을 교실로 가져와 보니 처음과는 그 모습이 매우 달랐다. 학생의 요구에 따라 활동이 추가되거나 없어지기도 하고, 상황에 따라 수업 시수가 늘었다 줄기도 했으며, 원래 의도와는 달리 교육과정이 다른 방향으로 흘러가기도 했다.

사실, 선생님들과 '우리는 마을 해결사!' 교육과정을 만들면서 의도한 것은 우리가 몰랐던 마을의 모습을 살펴보고 우리가 마을의 변화를 만드는 것이었다. 하지만, 결과적으로 학생들은 수업을 통해 마을에 관심을 보였지만 그것이 직접적인 변화로 이어지진 못했다. 그래서 아쉬웠다. 하지만 조금은 부족했고 또 방법도 달랐지만, 학생들은 우리가 몰랐던 마을의 모습을 발견하고, 신문, 역할극, 뉴스 등을 통해 간접적으로 변화를 만들었다. 무엇보다 수업하는 내내 교사도 즐거웠고 학생도 즐거웠다. 이렇게 재밌었던 수업은 정말 오래간만이다.

'우리는 마을 해결사!' 교육과정은 교사와 학생이 함께 만들었고 그 속에는 교과, 교사, 학생, 환경이 담겨있었다. 처음에는 이것이 가능할까? 싶었지만 실제로 가능했다. 이것을 혼자서 했다면 중간에 포기했을지도 모른다. 하지만 선생님들과 함께, 학생들과 함께했기 때문에 끝까지 해낼 수 있었다. 든든한 동료들, 소중한 학생들 덕분에 값진 경험을 했고, 그래서 또 교육과정을 만들 힘이 생겼다.

순	학습주제	학습 활동	평가	시수
1	수업 계획하기	-학습주제에 대한 배경지식 확인하기 -공부 게시판 만들기 (내용, 활동 순서 정하기)		2
	수업 준비하기	-과제 제시하기: 우리 마을 문제를 찾아 사진 3~5장 찍어오기 -수업 내용/흐름 정하기, 평가/안내자료 만들기		1
2	지역 문제	-지역 문제의 의미와 종류 알아보기 -우리 마을의 지역 문제 살펴보기 -지역 문제를 소개하는 신문 만들기		4
3	문제 해결	-우리 마을의 쓰레기 문제 해결 방법 찾기 -우리 마을 쓰레기 문제를 해결하는 역할극하기 -주민 참여의 중요성과 방법 알아보기	[4사03-06]우리 마을 문제를 해결하는 역할극 만들기 [4도02-03]예절을 생각하며 역할극 감상하기	4
4	공공기관	-공공기관의 의미와 특징 알아보기 -우리 마을의 공공기관 살펴보기 -우리 마을의 공공기관 소개하는 뉴스 만들기 -추가활동: 포스터 바탕 색칠하기	[4사03-05]우리 마을의 공공기관을 소개하는 뉴스 만들기 [4도02-03]예절을 생각하며 뉴스 감상하기	5
5	학습 정리	-학습내용 정리하기 -원하는 주제로 포스터 만들기		3
	수업 마무리하기	-전체 수업 평가하기		1
계				20

선생님의 교육과정은 무엇으로부터 출발했나요?

교사가 가르쳐야할 것, 즉 교과 내용에서 출발했습니다.

선생님의 교육과정은 어떤 크기로 만들어졌나요?

일주일 동안 집중해서 운영하기 위해 학급의 수업 시수를 고려하여 20차시로 만들었습니다.

선생님의 교육과정은 어떻게(어떤 방법으로) 만드셨나요?

교과를 시작으로 교사의 요구와 학생의 요구를 덧붙이고 환경적 특성을 반영하여 만들었습니다.

5. 이 시국 교육과정

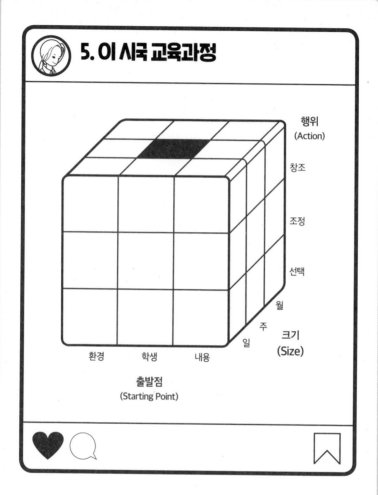

행위
(Action)

창조

조정

선택

월

주

일

크기
(Size)

환경   학생   내용

출발점
(Starting Point)

대화로 치열하게 탐구하고 다름을 이해하는 교실을 원하는 보은 쌤의
이 시국 교육과정 이야기

#이시국드립 #대화에머물다 #하다보니2주차 #관점형성

나를 만나다

온 마음으로 대화하기

"세상은 다 폭력이에요. 왕따, 범죄, 전쟁 모두 다 폭력인데, 왜 저는 그러면 안
되죠?"

2018년 3월, 겨우 2년 차였던 나에게 우리 반 학생이 한 말은 너무나
도 충격적이었다. 도대체 무엇이 저런 생각을 하게 만들었을까. 그때 나
는 그 자리에서 아이의 생각을 바꾸어보려고 아이의 의견과 반대되는
사회의 모습들을 들며 논리적으로 이야기해보았다. 하지만 통하지 않
았다. 오히려 내 생각이 흔들렸다. 아이가 나보다 더 많은 경험과 근거
를 가지고 있었다. 이야기를 듣고 있으니, 아이의 말처럼 세상에는 폭력
적으로 이루어지는 것들이 더 많은 듯했다. 이렇게 흔들리는 나 자신을
보면서 깨달았다. 아, 아직 나는 아이에게 세상은 폭력이 아니라는 것을

설득하기에는 부족했다. 그래서 다짐했다. 이번 일 년 동안 내가 너에게 다른 세상을 보여주도록 노력할게. 너를 믿어주는 사람이, 폭력으로 대하지 않는 사람이 될게. 우리 반은 폭력 아닌, 다른 방법으로 살아갈 수 있는 사회가 되도록 해볼게.

아이를 위해서는 새로운 세상이 필요했다. 처음에는 한 아이를 위해서였지만, 그 사회는 다른 아이들을 위한 사회이기도 했다. 승패를 나누며 경쟁하기보다는 함께하는, 잘못을 따지기보다는 서로를 안아주는 교실이 될 수 있도록 매일을 계획했다. 아름다운 세상을 보여주기 위해 우리는 그 해, 시간만 나면 산으로 강으로 나갔다. 또, 아이들의 학교생활 중 가장 많은 책을 함께 읽었다.

동시에 이렇게 너희를 있는 그대로 봐주고 들어주는 사람이 있다는 것을 나라는 존재로 보여주고 싶었다. 듣기보다는 말하기에 익숙하던 내가 학생들 앞에서는 온몸을 다해 들었다. 부모님께도 손을 잡고 말했다. 제가 믿어주겠다고, 분명 아이의 새로움을 우리가 발견할 수 있을 거라고. 하지만 있는 그대로 듣고 보는 것은 쉽지 않았다. 내가 살아온 삶의 방식을 바꾸어야했다. 나를 바꾸어가며 보여주려 했음에도 불구하고 아이는 여전히 친구들과 세상을 믿지 않았고, 폭력으로 대응

했다. 그럴 때마다 나는 조용히 무너졌다. 무수한 고비를 넘던 5월, 아이의 어머니께 문자 한 통을 받았다.

2018년 5월 15일 화요일

선생님, 지난 주 토요일 ○○이가 실기대회 나가서 선생님을 생각하며 그린 거라네요. 이렇게 완성한 적은 처음이에요~~~^^

주제가 선생님이었다네요.

세상 모든 것에 부정적이고 무기력했지만, 아이는 그림을 그릴 때만큼은 최선을 다했고 재미있어했다. 그럼에도 아이는 한 번도 색칠까지

다 된, 온전한 그림을 완성하지는 않았단다. 그러던 아이가 '선생님'이 주제였던 실기대회에서 나를 생각하며 꼼꼼히 채색까지 하여서 한 편의 그림을 완성했단다. 힘들었던 세상살이에 드디어 믿을만한 어른이 한 명 생겼다고 말해주는 듯했다. 놀라웠다. 동시에 다행이었다. 곧이어 더욱 놀라운 일이 일어났다. 마치 아이의 변화를 세상이 알아주기라도 하는 듯, 이 그림이 금상을 받은 것이다.

이 아이들과 보낸 1년은 나의 교육철학 그리고 학생관에 큰 영향을 미쳤다. 이 일 년을 통해 깨달았다. 첫째, 아이들의 말에는 세상이 담겨 있다. 둘째, 진심을 다한 대화는 삶을 바꾼다. 아니, 어쩌면 온 세상을 바꾼다. 나의 고민은 한 아이에서 시작했지만, 그를 위한 노력은 우리 반 아이들 전부에게 유의미한 영향을 끼쳤다. 그러니 나는 그들의 이야기를 더 귀 기울여 듣고, 읽고, 의미를 찾아주는 사람이 되어야겠다.

교육과정을 만들다

너~ 이 시국에?!

2019학년도, 여름방학이 끝나는 8월 20일이었다. 1학기 아이들도 나
도 모든 열정을 쏟아부어 3개의 프로젝트를 했다. 그렇게 여름방학 동
안 우리를 진정시키고 학교로 돌아오니, 세상이 뜨거웠다. 2019년 7~8
월에 우리나라가 왜 뜨거웠는지, 기억나는가? 바로 '일본 불매운동' 때
문이었다. 거리를 지나다니면 여기저기 일본 불매운동을 권유하는 현수
막이 걸려 있었고, 아이들이 많이 쓰는 SNS(페○○○)에는 일본 브랜드들
의 로고를 모아 놓고 불태우는 그림들이 올라왔다.

트렌드에 민감한 6학년 아이들은 이에 완전히 사로 잡혀있었다. 누가
만화 이야기를 하기만 해도 '어, 그거 지금 일본 캐릭터 이야기하는 거
아니야?' 하며 매서운 눈초리로 쳐다봤고, 일본에 일자만 꺼내도 '어, 이

시국에?' 드립이 난무했다. 1학기 때 열심히 배웠던 역사를 이용해가며 '역사도 모르는 것'이라며 비난하기도 했다. 아이들은 자기검열을 하기 시작했다. 그렇게, 아이들은 점점 입을 닫게 되었다.

이 상황이 더 심해지면 또 다시 3월처럼 서로에게 무관심하고 냉소적인 사이가 될 것 같아 두려웠다. 시국이 뭔지, 1학기 동안 잘 쌓아온 우리 반의 대화와 탐구 문화를 무너뜨리러 온 것만 같았다. 이대로 시국에 잠길 수는 없었다. 그러다가 문득 궁금해졌다. 아이들은 '이 시국'이 어떤 의미인지 알고서 서로를 이렇게 옭아매고 있는 것일까?

"근데 얘들아, 너희들 이 시국이 어떤 상황인지 알고 있는 거지?"

"아, 알죠! 지금 일본 불매운동해야 되잖아요."

"맞아, 지금 일본 불매운동이 아주 뜨겁지. 근데, 왜 불매하는지는 알고 있니?"

"어, 뭐, 그게…"

많은 아이들이 두 번째 질문에서 웅얼대었다. 몇몇 아이들은 그래도 좀 더 알고 있었지만, 어떤 수출품 때문에 우리나라가 불매운동을 시작했는지, 애초에 왜 일본은 수출품을 규제한 건지에 대해서는 대답하지 못했다. 한마디로 우리 반 아이들은 이 시국을 잘 몰랐다. 대화를 하면

할수록 잘 모른다는 것을 아이들도 인지했는지 말수가 적어졌다. 그리고 내가 던진 질문들이 궁금해지는 모양이었다.

"근데 쌤, 진짜 왜 그러는 거예요?"

오호라, 드디어 아이들이 정말 배우고 싶은 마음을 보였다. 그냥 설명해줄까 하다가 좀 더 교육적인 방법, 아이들이 직접 해볼 수 있는 방법을 고민했다. 지금 뉴스가 터져 나오고 있으니, 내가 설명하지 않아도 배울 수 있는 자료는 충분했다. 이런 판단이 서고 나서 아이들에게 말했다.

"애들아, 컴퓨터실에 가보자. 검색하면 금방 알 수 있을 거야."

2019년 8월 20일, 우리나라의 외교문제는 아이들의 관심이 쏠려있는 일본 불매운동만이 아니었다. 수출 규제와 불매운동은 지소미아 군사협정에까지 영향을 미치고 있었다. 심지어 미국 국방부 장관이 지소미아 문제를 논의하기 위해 한국으로 향하고 있었다.

컴퓨터실에서 검색을 하면서 아이들은 문제의 심각성을 깨달았다. 일본과 우리나라만의 문제가 아니었다. 심지어 중국과 러시아까지 끼어들어 더욱 복잡해져 가고 있었다. 뉴스를 보면서 아이들은 저마다 치열하게 사고하고 있었다. 배움공책에 컴퓨터실에서 이 시국과 관련된 뉴스들을 찾아본 소감을 써보라고 했다. '마음이 복잡해졌다, 왜 이렇게 다들 우리나라에 관심이 많은 거지?' 등의 내용이 쓰여 있었다. 우리나라가 이토록 이웃 나라에게 영향을 받으며 지낸다는 사실을 처음으로 실감한 듯했다.

응, 이 시국에!

이 시국 교육과정은 처음 내가 계획했던 2학기 교육과정과는 전혀 달랐다. 우리 학교 교육과정에는 2학기에 큰 행사가 두 개 있다. 9월의 추석 교육과정과 11월의 학예회다. 이를 토대로 한 내 계획은 이랬다. 9-10월 동안 경기도 L교사의 '세계' 교육과정을 그대로 따라 해 보고 이를 11월 학예회까지 연결시킨다. 12월에는 인권으로 감수성을 기르며 아름답게 마무리!

이웃 나라는 9~10월 '세계' 교육과정 속에서 소주제로만 다룰 예정이었다. 그런데 지금 우리나라 상황도 그렇고 아이들의 대화도 그렇고 암만해도 지금이 이웃 나라를 공부하기 위한 적기였다. 이렇게 미디어가 시끄러울 때라면 아이들도 진지하게 이웃 나라와 우리나라의 관계에 대해 고민할 수 있으리라. 계획을 전면 수정해야겠다. 계획은 계획일 뿐, 계획이 지금 이 배움보다 중요하다고 말할 수 없었다.

현재에 머물러 보기로 결정한 다음, 지금 우리 반 아이들에게 가장 필요한 안목이 무엇인지 고민해보았다. 가장 필요한 능력은 사실과 거짓을 가려내며 현재 상황을 직시하는 것, 일명 팩트체크 능력이었다. 쏟아지는 정보 중 믿을만한 정보를 가려내는 안목을 가지는 것이 필요했다. 이후 정보와 자료를 토대로 자기 나름대로 판단을 내리고 해결방안을 생각해볼 수 있어야 한다. 이렇게 우리 반 아이들의 현재 상태를 토대로 교육과정 목표를 설정했다.

나름대로 생각한 목표를 좀 더 유려한 언어로 표현하는 동시에 빠진 내용을 덧붙이기 위해 국가교육과정을 펼쳤다. 국가교육과정의 내용체계표와 성취기준은 항상 내가 잊고 있던 각 교과의 관점과 지식을 안내해준다. 역시나 내용체계표와 성취기준을 보니 놓친 것이 있었다. 일본 이야기를 할 때는 독도 문제도 다루어보아야 한다. 더불어 이웃 나라와 우리나라의 관계를 설정할 때에는 각국의 환경과 문화에 대해서

135

도 알아보면 더 좋겠다. 환경과 문화는 교류의 필요성을 드러내는 중요한 단서인데 내가 잊고 있었다.

자, 목표는 자료와 정보에 대한 해석을 바탕으로 자신의 의견을 형성하고 표현하는 것이다. 그럼 어떤 표현 방법이 가장 좋을까? 비쥬얼 싱킹으로 이웃 나라와의 관계를 조망해보면 어떨까? 내가 생각하는 우리나라의 외교전략을 피피티로 발표한다면? 이런 고민을 하고 있는 찰나 '국어' 성취기준이 눈에 들어왔다.

아 참! 주장하는 글쓰기를 해야 했다. 아이들의 흥미를 이끌어 낼 수 있을지는 모르겠지만, 주장하는 글쓰기라면 자신의 의견을 형성하고 표현하는 데는 충분하다. 목표달성에 아주 적합하니 한 번 해보기로 결정했다. 의외로 아이들이 좋아할 수도 있으니까 말이다. 그렇게 논설문 쓰기로 평가방법을 결정하고 나서 국어 교과서와 성취기준을 번갈아 보니 뉴스의 관점에 대해서도 다룰 수 있다는 것을 발견했다. 뉴스나 미디어의 관점을 파악하는 것은 팩트체크를 위해 매우 중요한 부분이다. 서로 다른 관점을 비교하고 자신의 의견을 형성해보는 것으로 목표를 수정했다.

이렇듯 아이들 말에서 출발해 필요한 능력과 지식을 연결하고 성취기준과 비교하며 교육과정을 짜 보았다. '이 시국' 교육과정의 계획은 다음과 같다.

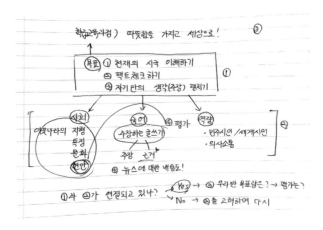

시국에 올라 타다

지난번 컴퓨터실에서 읽은 뉴스들을 서로 나누고 정리하며 교육과정 두 번째 수업이 시작되었다. 일본 불매운동에 관심이 많던 아이들은 대부분 일본과 관련된 이야기들만을 꺼내었다.

"그런데 사실 지금 일본 불매운동 말고도 다른 이웃 나라들도 우리나라에 관심이 많다는 거, 예민하다는 거 알고 있니?"

미국, 중국이 우리나라에 긍정적인 관심을 보이는 것이 아니라는 것을 아이들도 눈치챘는지, 불안한 표정과 흔들리는 눈빛들이 보였다. 도대체 어떤 이웃 나라들이 우리에게 관심을 보이고 있냐며 제발 가만히 좀 뒀으면 좋겠다며 불만을 토로하는 아이도 있었다. 역사에서도 맨날 다른 나라 때문에 힘들었는데 아직도 그래야 하냐면서 말이다.

"어, 근데 역사에서 우리나라랑 관련이 있는 나라들의 공통점은 뭘까?"
"다 우리나라 주변에 있어요."
"이런 나라들을 뭐라고 부르면 좋을까?"

이웃 나라라는 개념이 나왔다. 그럼 우리나라의 이웃 나라에는 누가 있는지 모둠토의를 해봤다. 중국, 일본이 가장 처음 나오고 이후 러시아, 북한이 나왔다. 여기까지는 모든 모둠의 의견이 일치했는데, 다음 나라에서 의견이 갈라졌다. 아이들은 저마다 베트남, 대만, 사우디아라비아, 미국이 이웃 나라라고 주장하고 있었다. 한참을 토의한 끝에 이 중에서는 미국이 그나마 이웃 나라라고 부를 수 있다고 결론이 났다. 역사적으로 많은 영향을 주었기 때문이었다.

미국, 중국, 일본, 러시아, 북한이 모두 이웃 나라라면 이웃 나라의 의미가 무엇일지 다시 한번 정의해보기로 했다. '지도상 가까운 나라'라고 했다가 내가 미국을 짚으니 다시 고민에 빠졌다. 미국은 우리나라에서 거리가 멀기 때문이다. 한참 고민한 아이들은 이웃 나라를 '지도상 가깝거나 우리나라와 예부터 지금까지 끊임없이 영향을 주고받는 나라'로 정의하기로 했다.

이제 일본뿐 아니라 다른 이웃 나라와 우리나라가 겪고 있는 상황들을 알아보기로 했다. 각자 가장 알고 싶은 나라를 골라 현재 어떤 관계인지, 어떤 사건들이 벌어지고 있는지 알아보기로 했다. 하지만 이대로 알아보라고 하면 너무 어려울 듯하여 조사 전 브레인스토밍으로 궁금증을 펼쳐보았다. 그리고 우리가 조사해야 하는 질문들을 선정했다. 뽑힌 질문들은 아래와 같았다.

일본	일본과 우리나라가 교류한 역사는? / 불매운동이 일어난 진짜 이유는? 지금 시대에 일본이 우리나라에게 중요한 이유는?
중국	중국과 우리나라는 언제부터 교류하기 시작한 걸까? 중국은 어떤 나라일까? 요즘 중국은 우리나라에게 이떤 영향을 주고 있을까?
러시아	러시아는 어떤 나라일까? 러시아는 언제부터 우리나라랑 관계를 맺었을까? 러시아는 요즘 우리나라랑 어떻게 지내고 있을까?
미국	미국은 어떤 나라일까? 왜 세계 1위라고 부르는 걸까? 미국과 우리나라는 언제부터 교류했을까? 미국은 왜 우리나라랑 일본 일에 관심을 가지는 걸까?
북한	대한민국과 북한의 역사는? / 북한과 우리나라의 요즘 관계는? 통일은 필요할까?

다음 시간 우리는 본격적으로 질문들을 조사해보기로 했다. 믿을만한 정보인지 구별하기 위해 조건이 붙었다.

1. 신문을 가장 먼저 볼 것
2. 신문이 어려우면 동영상 뉴스를 볼 것
3. 그런데도 모르겠으면 백과사전, 위키백과, 블로그를 참고할 것. 반드시 두 가지 이상의 사이트를 읽어볼 것.

조사한 것을 포트폴리오처럼 쌓아가고 싶다는 생각에 작은 책 형태로 학습지를 인쇄하여 아이들에게 나눠주었다. 이번 시간에 자신이 알아내고 싶은 질문을 제일 위에 쓰고 조사하며 알게 된 내용을 아래에 정리하는 간단한 학습지였다. 이전 시간에 질문 목록도 만들어 봤으니 검색어만 넣으면 금방 조사할 수 있을 거라 생각했다. 웬걸, 아이들은 생각보다 검색을 못했다. 질문을 통째로 사이트에 치는 아이들이 과반이었다. '러시아는 왜 우리나라 영공을 침범한 걸까?'를 그대로 말이다. 검색이 될 리가 만무했다.

두 개의 질문을 조사하는 데 한 시간이면 충분할거란 예상은 보기 좋게 빗나갔다. 아이들은 질문에서 핵심단어를 검색해야 한다는 사실을 몰랐으며, 안다 하더라도 핵심단어를 뽑아내는 것을 어려워했다. 그래서 20분 이상을 질문을 검색어로 만드는 방법을 설명하고 연습하는

데 썼다. 조사하는 데 써야 했던 시간을 설명에 사용한 것이다. 어쩔 수 있나, 시수를 늘려야 했다. 창체 남는 시수를 빼와야겠다 생각하며 아이들에게 더 여유롭게 시간을 주었다.

연습한 대로 검색어를 선정하여 검색한 다음 내가 준 조건에 따라 신문이나 뉴스, 백과사전을 찾았다. 대부분의 아이들은 글을 곧잘 읽어내었지만, 몇몇은 한 글자를 읽어내는 것도 버거워했다. 그들에게는 뉴스와 신문, 백과사전에 쓰인 낱말들이 너무 어려웠던 탓이었다. 단어를 찾아보는 방법을 알려주기도 하고 너무 어려워하는 아이들에게는 아주 쉬운 말로 풀어서 설명해주기도 했다. 이렇게 꼬박 120분을 검색하며 보낸 후 아직도 시간이 더 필요한 학생들은 집에서 부모님의 도움을 받아 추가 조사를 하거나 교실에서 나와 함께 조사를 더 해보기로 했다.

그렇게 다음 날 이 시국 교육과정 시간이었다. 이제 각자가 선정한 질문에 대한 조사 결과를 나눌 차례이다. 내가 조사한 질문은 무엇이었고, 질문에 대한 조사 결과는 어땠는지 모둠에서 돌아가며 발표했다. 공교롭게도 한 모둠은 모두 같은 질문을 선택하여 조사해왔다. 그래서 이 모둠의 경우 혹시 다른 내용은 없는지 서로의 내용을 비교하고 종합해본 다음, 다른 모둠으로 한 명씩 보내어 다시 한 번 나누도록 했다.

자신이 조사하지 않은 이웃 나라에 대한 이야기들을 들으면서 어떤 아이들은 화를 내기도 했고, 옹호하기도 했다. 어떤 아이들은 친구의 설명이 너무 어려웠는지 이해하지 못했다는, 멍한 눈빛을 보이기도 했다.

모둠원들의 조사결과를 들으며 궁금한 것들, 잘 이해가 안 가는 내용을 보충하기 위해 칠판을 꺼냈다. 중국에 대해 조사한 사람들이 알게 된 내용을 발표하면 내가 칠판에 마인드맵으로 간추렸다. 이렇게 한 나라씩 발표를 한 후 현재의 관계를 선으로 나타내보기로 했다. 갈등을 겪으면 '↔', 동맹이나 연결되어 있으면 '─', 잘 모르겠으면 '…'으로 표시했다. 아까 멍때리던 아이들의 표정이 어느 정도 편안해졌다. 그러면서 슬슬 아이들의 생각을 물어보기 시작했다.

"왜 우리도 그렇잖아. 친한 친구도 있고 어색한 친구도 있고, 때로는 싸워서 말도 안 하는 친구도 있고. 이웃 나라들을 친구라고 생각하면 우리랑 지금 어떤 관계인 걸까?"

"일본이랑은 크게 싸웠고요. 예전부터요."

"미국이랑은 해방 때부터 친하긴 한데, 요즘은 잘 모르겠어요."

"러시아랑은 서먹서먹한 관계인 것 같아요."

"얘들아 근데, 어쨌든, 다 우리 잘 살자고 하는 거잖아? 그럼 우리가 잘 살기 위해서는 이웃 나라랑 어떤 관계로 지내야 하는 걸까?'"

일본이랑은 계속 이 상태로 지냈으면 좋겠는데 하면서 화를 내는 아이도 있었고 그래도 지금 반도체 때문에 힘든데 일본이랑 다시 화해했으면 좋겠다는 대답도 나왔다. 누군가는 러시아에 꼭 사과를 받아야겠다고 했고, 중국 때문에 그건 어려울 것 같다는 이야기도 나왔다. 입을 다문 아이들에게 가서 넌지시 물어보니 저마다 다들 고민을 하고 있었다. 각자 조사한 학습지와 오늘 배움을 정리해 가서 좀 더 고민해 오기로 하고 수업을 마쳤다.

다음 차시, 고민해 온 것을 바탕으로 글쓰기 전초전에 들어갔다. '우리나라는 이웃 나라와 어떤 관계를 맺어야 하는가?'에 대한 자신의 의견을 마인드맵으로 그렸다. 다섯 개 이웃 나라에 대해 다 생각하려면 힘드니까 줄여달라는 아이들의 제안에 두세 개의 나라랑 어떻게 지내야 하는 지로 줄였다. 배움공책에 글쓰기 주제를 가장 위에 쓰고 왼쪽에 서론, 본론, 결론을 썼다. 먼저 아이들과 대화하며 칠판에 서론, 본론, 결론에 들어가야 하는 내용을 정리했다. 그후 각자 어떤 내용으로 여기를 채울지 자신의 글을 간단하게 정리했다. 아이들의 배움공책을 걷어서 개요에 간단히 피드백해 준 다음 돌려주었다. 각자 글의 내용을 좀 더 고민한 다음 글을 써보기로 하였다.

드디어 주장하는 글쓰기, 평가의 시간이 다가왔다. 미리 써놓은 개요를 바탕으로 우리나라가 이웃 나라와 어떤 관계를 맺어야 하는지 객관적 자료를 근거로 하여 글을 썼다. 평가지를 든 순간부터 아이들은 급격히 조용해졌다. 말하는 것을 좋아하고 활동하는 것을 좋아해서 항상 시끌벅적했던 우리 반이 이렇게 조용한 순간이 있었나. 모두 '이 시국'에 대한 자신의 생각을 풀어가는 데 여념이 없었다. 조용하다는 것을 알아차리지 못할 만큼이나 푹 빠져있었다.

그렇게 한참 아이들을 보는데 '나는 이 주제로 한 편의 글을 쓸 수 있을까?'라는 생각이 들었다. 이 어려운 수업을 아이들은 완전히 소화하고 있었다. 심지어 다들 두 페이지 이상의 글을 쓰고, 문단을 나누기도 했다. 주장에 대한 근거도 조사했던 사실들을 활용하기 위해 노력하였다.

완성된 아이들의 글을 거두었다. 아이들의 글에는 이때까지의 배움과 고민이 여실히 담겨 있었다. 쓰는 모습도 놀라웠지만 결과물은 더욱 보

람있었다. 초등학교 6학년이 국방과 역사, 문화를 근거로 이웃 나라와
의 관계를 설정하다니.

　대부분 아이들의 글에서 내용은 아쉬울 것이 하나 없었는데 형식이나
문법에서 조금씩만 더 개선하면 어떨까 하는 생각이 들었다. 글을 제대
로 완성하지 못한 아이들 두세 명은 분명 말로는 표현할 수 있었으니,
내가 조금만 도와주면 글을 완성할 수 있을 듯했다.

　고쳐쓰기를 하려면 시간도 더 필요하고 마침 성취기준도 있었다. 전
담시간 동안 아이들의 초고에 내가 피드백을 썼다. 스물네 명밖에 안 되
는데도 글로 피드백하기가 너무 힘들어서 뒤의 아이들은 말로 피드백

을 보충했다. 피드백을 바탕으로 우리는 글을 한 번 다시 고쳐 썼다. △△이처럼 말이다. 이 단계를 가장 마음에 들어 한 아이들도 있었다. 반면 남자아이 중에서는 고쳐쓰기의 필요성을 느끼지 못하고 포기하려는 아이도 있었다. 그런 아이들에게는 컴퓨터로 옮겨 써볼 것을 권했다.

'이웃 나라랑 어떻게 지내야 할까?'

6학년 OO반 윤OO

중국, 미국, 러시아는 우리나라에게 잘 알려진 대표적인 나라들이다.

그럼 이 이웃 나라들이 우리나라와 어떤 관계로 지내야 우리나라가 잘 살지, 각 나라의 군사력과 역사적 관계를 바탕으로 내 생각을 써보고자 한다.

일단 중국의 병력수는 200만이 넘고 예비군은 500만 명이 넘는다.

이렇게 중국의 병력수가 많은 것은 중국의 인구 때문이다. 중국의 인구는 억이 넘는다.

병사수뿐만 아니라 중국의 항공모함은 2척이나 있다. 중국의 군사력은 엄청나다.

그러니 우리나라는 중국과 거리를 두지 말고 친하게 지내야 한다.

다음은 미국이다. 미국은 옛날부터 우리나라에게 식량 보급, …(후략)

우리끼리 시국 종료

우리가 글을 쓰며 교육과정을 정리할 동안에도 여전히 우리나라는 격동의 시기를 보내고 있었다. 뉴스에서는 외교 부문이 헤드라인을 차지했다. 그런데 처음과 달리 이제 아이들은 뉴스 내용이 하나도 어렵지 않았다. 왜 미 국무부 장관이 찾아오는지 이해하게 되었고 살면서 그 어떤 때보다도 뉴스에 관심을 가졌다. 지소미아 '파기', 지소미아 '종료'라는 말 한끗 차이로 관점을 드러낼 수 있다는 것도 알게 되었다. 무엇보다 의미있는 변화는, 뉴스에 대한 저마다의 생각을 나누고 있었던 것이다.

복도에 다른 반 한 아이가 데O트 브랜드의 체육복을 입고 지나간다. 분명 불매운동 이전부터 입고 다닌 옷이다. 여전히 다른 반 아이들은 이 시국에 라며 놀려댄다. 놀림의 대상이 된 아이는 주먹질을 하며 '아 그만해라?'라고 불편함을 표현한다. 그때 우리 반 ○○이 목소리가 들렸다. '야 너 이 시국이 무슨 말인지 알고 그러냐?' 한다. 그러더니 '중요한 건 앞으로 어떻게 할지야'란다. 교실 안에서 듣고 있던 나는 미소를 감출 수기 없었다. 1학기 초만 해도 수업에서 한마디를 안 하던 ○○가 저렇게 여기저기 배운 내용을 말하고 다니다니….

"선생님, 오빠한테 항상 모른다고 무시받던 우리 △△이가 오빠한테 지금 이런 상황도 모르냐며 구박한다니까요. 얼마나 웃긴데요. 아주 기특해요."

실제로 2학기 상담에서 어머니들은 아이의 변화를 말씀해주셨다. 난생 처음 지적인 내용으로 오빠를 구박하는 이야기, 보지도 않던 뉴스를 아빠랑 보면서 40대처럼 현안에 대한 의견을 주고받는 이야기까지. 들으면서 절로 웃음이 나왔다. 사실 성취기준이 목적이었다면 부족한 면도 있었다. 이번 교육과정에서 우리 반은 이웃 나라의 지형은 가볍게 다루고 어쩌다 보니 군사력과 경제력, 역사적 사실 등의 자료를 더욱 많이 다루었기 때문이었다. 지형에 대한 내용은 한 번 짚어주는 것에서 끝내는 것이 좋겠다.

충분히 이웃 나라로 이야기 나누고, 문화를 알아보았다. 역사, 군사, 경제적 지위 등 교과서보다 더 많은 걸 탐험했다. 지형은 다음에 세계지도를 볼 때 등고선으로 알아보면 어떨까. 부족했던 지형공부는 이렇게 다음 교육과정과 연계하기로 결정했다. 정치인들도 고민하고 있는 이 시국을 생각하며 우리도 한껏 머리 굴렸으니, 그걸로 됐다.

자, 그러니 우리끼리 시국 종료!

교육과정을 돌아보다

학생과 함께 만드는 교육과정

이 교육과정의 시작은 애초에 '이 시국' 드립을 하던 아이들이었다. 아이들은 현재 우리나라의 문제에 대해 이야기하고 있었다. 나는 그 말을 수업의 전면에 꺼내었고 대화가 일어나도록 했다. 또, 궁금증을 질문으로 정교화해주고 순서를 만들었다. 서로의 조사결과를 연결 지어주기도 했다. 내가 한 것은 거기까지. 실제 정보를 알아보고 판단한 것은 아이들이었다.

이 교육과정은 나에게도 큰 의미를 가져왔다. 우선, 교육과정의 출발점을 다시금 생각해볼 수 있었다. 아이들 말에서 출발할 수도 있구나. 항상 교육과정의 소재들만이 주제가 될 수 있는 건 아니구나. 계획 단계에서 내가 생각했던 것보다 훨씬 더 질 높은 배움이 일어날 수 있었던 것은 결국 아이들 덕분이었다.

또, 이 교육과정으로 나는 자존감이 높아졌다. 나는 아이들의 말을 수업으로 끌어내고 체계화할 수 있는 사람이었다. 그러기 위해서 아이들 말을 열심히 들으면 된다. 칠판에 필기도 하고, 다른 언어로 표현해 가면서 말이다. 아이들의 말에서 의미를 찾아내 주기 위해 나도 뉴스를 읽고 역사적 지식을 공부했다.

2020년 지금까지도 이 경험은 영향을 주고 있다. 요즘 나는 아이들 말을 교과나 세상과 연결시켜주는 수업을 더 적극적으로 시도하고 있다. 대화하고, 논의해볼 만한 문제를 찾아내고, 토론하고 조사하며 저마다의 생각을 형성한다. 코로나19가 도움이 되기도 했다. 온라인 수업으로 인해 각자 기기(스마트폰, 패드, 컴퓨터)를 가지고 있기에 정보를 찾는 과정이 교실에서보다 훨씬 매끄러웠다. 화상통화 프로그램의 화면 공유 기능 덕에 아이들끼리 함께 조사해야 할 때에도 훨씬 편했다. 다만 서로의 말들을 연결지을 때나 생각을 구체화하는 모습을 보지 못할 때가 생기는데, 이럴 때는 교실수업이 그리워진다. 서로의 상호작용이 촘촘히 일어나는, 내가 끊임없이 그 모습을 지켜볼 수 있었던 교실이 그립다.

순	소주제(시수)	활동
1	시국 속으로 (4)	①최근 뉴스보고 심각성 알기 ②이웃 나라 찾아보기 ③이웃 나라 정의하기
2	시국 읽기 (8)	①이웃 나라에 대한 질문 만들기 ②질문을 검색어로 만드는 방법 ③조사하기 ④조사결과 나누기 ⑤관점 비교해보기
3	시국 선언 (4)	①우리나라와 이웃 나라 관계망 그려보기 ②외교 전략 짜기 ③개요 작성 ④글쓰기
4	시국 종료 (1)	고쳐 쓰고 돌려 읽기

선생님의 교육과정은 무엇으로부터 출발했나요?

가장 처음은 학생들의 말, 즉 학생들의 삶에서 출발했습니다. 학생들이 느끼던 불편함과 우리나라의 문제를 연결 지으며 안목을 넓혀주기 위해 교육과정을 만들게 되었습니다.

선생님의 교육과정은 어떤 크기로 만들어졌나요?

처음에는 일주일, 10차시 정도를 예상하며 만들었습니다. 하지만 조사과정에서 학생들이 어려움을 느껴서 시수를 증대하였고 고쳐쓰기를 위한 시간을 확보하면서 17차시, 2주 분량 교육과정이 되었습니다.

선생님의 교육과정은 어떻게 (어떤 방법으로) 만드셨나요?

학생들의 삶을 면밀히 살피고 학생들이 원하는 배움 또는 배움이 필요한 부분이 무엇인지 판단하여 목표를 설정합니다. 이 때 국가교육과정이나 제가 가진 지식들을 떠올리며 목표를 더 구체화합니다. 이후 학생들이 배우고자 하는 내용들에 비추어 교육과정을 수시로 수정하면서 만듭니다.

6. 꼬마 민주시민 교육

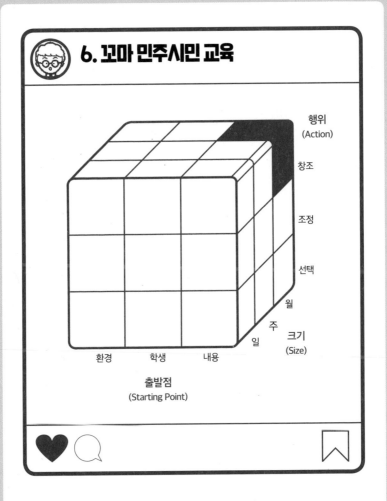

내가 했던 고민을 똑같이 나눌 수 있기를 바라는 원 쌤의

민주시민 교육과정 이야기

#교사의모습을닮은교육과정 #민주주의 #선거 #국어 #통합교과 #월단위 #저학년 #창조

나를 만나다

놀기 좋아하는 교사는 놀기 좋아하는 학생을 만든다

초임 시절 2학년 담임을 맡아 통합교과 '봄' 수업 중에 일어난 일이었다. 시냇물 흐르는 소리가 무엇인지에 대한 문제가 나왔다. 아니나 다를까, 그 답은 '졸졸졸'이라고 되어 있었다.

학생들에게 물었다.

"시냇물 흐르는 소리가 어떤지 아니?"

너무나도 쉽고 '당연한' 답이 정해져 있는 질문에 학생들은 손을 들고 말을 한다는 규칙도 잊은 채 자신감 있게 소리쳤다.

"졸졸졸이죠!"

나는 또 물었다.

"정말? 왜 그렇게 생각해?"

학생들은 이제는 선생님의 질문이 답답한 듯 "여기 그렇게 나와 있잖아요!"라고 싫증 섞인 목소리로 대답했다.

순간 가슴이 턱 막혀왔다. '내가 지금 무엇을 가르치고 있는 거지?'

내기를 제안했다. 시냇물 흐르는 소리가 정말 '졸졸졸' 흐르는 지에 대해서 말이다. 다행히 학교 인근에 개천이 있었고 무작정 학생들과 함께 학교 밖으로 나갔다. 지금 생각해보면 교감, 교장선생님께 말씀드리고 결재도 받아야 했지만 당시 패기만 넘치던 신규교사였기에 과감하게(?) 박차고 야외수업을 하러 나갔다.

개천에 도착하여, 학생들에게 눈을 감고 시냇물 소리에 집중하자고 했다. 몇 초나 흘렀을까? 하나둘씩 눈을 휘둥그레 뜨기 시작했다. 갑자기 한 학생이 외쳤다.

"졸졸졸이 아니야!"

그렇게 교실에 돌아와서 각자 들은 시냇물 소리를 표현하게 했다. 이제는 '졸졸졸'이라는 말은 나오지 않았다. 대신 학생들은 '촉착착', '샬

샬샬', '샤르르' 소리를 써내었다. '졸졸졸'이라는 하나의 시냇물 소리가 스물다섯 명 스물다섯 가지 소리로 바뀐 것이다.

나는 학생들에게 무엇을 가르쳐주고 싶었던 걸까? 시냇물은 '졸졸졸' 흐르지 않는다는 것? 물론 아니다. 그랬다면 '시냇물 흐르는 영상'을 틀어주고 소리를 들려주었을 것이다. 그것보다 더한 것. 아니 사실은 정말 별 것 아닌 이유였다. 당시 학급 커뮤니티에 학부모들에게 이 수업을 이렇게 소개했다.

> 시냇물 소리가 정말 '졸졸졸' 흐르는지도 들어봅니다. 유심히 듣더니 '졸졸졸'이 아닌 걸 알고 자기만의 언어로 시냇물 소리를 표현합니다.
> 매일 걷던 평범한 길이 친구들과 함께 귀 기울이고, 관심을 주니 배움의 장으로 변합니다.
> **여기까지가 교사의 바람이고 실은 그냥 애들이 잘 놀았으면 그걸로 만족합니다.**

마지막 줄이 핵심이다. 그렇다. 사실은 좋은 봄날에 교실에 있기 싫었고 벚꽃놀이나 해보고 싶었다. 그러던 중에 건수(?) 하나 잡았다 생각하고 나들이 한 번 간 것이다. 계절은 배우는 것이 아니라 직접 보고, 듣고 느끼는 것이라는 것을 가르쳐주고 싶었다.

지금 이때를 돌이켜 생각해보면 두 가지 시사점이 있다. 첫째, 당시에

이 수업은 어떤 근거도 없고 단지 바깥바람 한 번 쐬고 싶던 교사의 일탈행위라 생각했다. 하지만 이 수업은 '[2즐02-01]봄의 모습과 느낌을 창의적으로 표현한다', '[2즐02-03]봄에 볼 수 있는 동식물을 다양하게 표현한다' 등 성취기준에 근거하고, 이를 성공적으로 달성한 수업이었다는 것이다.

둘째, 나는 이 성취기준을 달성하는 데 많고 많은 방법 중에 이런 방법을 택했을까, 라는 물음이다. 그러게. 왜 나는 이런 방법을 택했을까?

다시 내기를 제안했던 수업으로 돌아가보자. 사실 이 내기는 내가 이길 수밖에 없는 것이었다. 왜냐하면, 나는 시냇물이 '졸졸졸' 흐르지 않는다는 것을 알고 있었기 때문이다.

교대 학부 시절 나는 공부보다 노는 데 더 관심이 많았다. 정확하게 말하면 경치 좋은 곳에 가서 자연을 구경하고, 시와 글 쓰는 것을 좋아했다. 날이 좋은 날, 학교 근처의 천변에 가서 벤치에 누워서 시간을 보내곤 했다. 그때, 시냇물이 흐르는 소리가 들렸다. 그러고서 알게 되었다. 시냇물은 내가 배워온 것처럼 '졸졸졸' 흐르지 않는다는 것을.

내가 그러한 사람이기에, 그렇게 가르친다

교육과정 이야기를 하다 뚱딴지같은 이야기를 한다고 생각할지 모르겠다. 그러나 이는 앞에서의 물음, 수많은 방법 중 왜 이런 방식을 택했는지를 이해하는 데 매우 중요하다.

내가 그런 것을 좋아하는 사람이기에, 그런 방식을 택하여 수업을 했다고 하면 지나친 비약일까? 사람은 누구나 여러 갈래의 길이 있을 때, 자신이 더 재미있고 관심있는 길로 가지 않을까?

초임시절, 무엇을 가르쳐야 할지 잘 알지 못했다. '우선 교과서대로 가르치는 게 좋을까? 아니지, 교수님께서는 교과서가 아니라 교육과정을 가르쳐야 한다고 하셨지. 그런데, 교육과정을 가르친다는 것을 무엇을 가르쳐야 한다는 거지?'라는 고민의 연속이었다.

그러나 어떻게 가르치고 싶은지는 알았다. 그것은 내가 좋아하는 방식대로 가르치는 것이다. 교과서로 가르치던, 교육과정을 가르치던 교사인 내가 좋아하는 방식을 택했을 때 수업의 질이 높아졌고, 학생들의 만족도 커졌다. 물론 그렇다고 어떠한 근거도 없이 교사 개인이 원하는 대로 교육을 해도 된다는 의미는 아니다. 국가교육과정의 틀 안에서 교육이 이루어져야 한다.

국가교육과정의 틀 안에서 교사는 학생을 가르친다. 교육과정을 어떻게 가르칠지 고민하고, 수많은 방법 중에서 가장 적절한 방법을 선택한다. 그 방법은 교과서일 수도 있고, 활동지일 수도 있고, 직접적인 활동일 수도 있다.

그런데 교사는 왜 많은 방법 중 하필 하나를 택해 그런 방식으로 가르칠까? 교사가 진정 학생들에게 가르쳐주고 싶은 것은 무엇일까? 나는 누구이길래, 어제도 오늘도 무엇을(국가교육과정) '굳이 그렇게' 가르쳤을까?

이 물음의 답은 '나'이기 때문에 '그렇게' 가르친다는 것이다. 교과서대로 가르치는 방법을 택해도, 또는 흔한 말로 교육과정을 재구성하여 가르치는 방법을 택해도 그 수업 안에는 교사의 모습이 담긴다. 교사가 교육과정, 차시 단위의 수업을 계획할 때 학생과 환경을 고려하지만 결국 그 모든 것의 출발점은 '교사 자신'이 된다. 자신이 가장 좋아하는 방식대로, 가장 잘하는 방식대로 학생들을 가르치고자 하는 것이다.

교사가 교육과정이든, 한 차시의 수업을 계획할 때 고려해야 하는 요소는 모두 잘 알고 있다. 성취기준, 학생의 수준, 지역과 학교의 환경 등등이다. 그러나 과연 이것들뿐일까? 한 번 재미있는 가정을 해보자. 성취기준과 학생의 수준, 환경 모든 것이 동일한데, 딱 하나 다르다. 그것은 교사이다. 모든 것이 똑같지만 교사만 다를 때, 교육과정 운영과 수업의 방식이 동일하게 나타날까? 답은 모두가 알고 있듯이, 아니다.

　교사가 달라지면, 모든 것이 달라진다고 하는 것은 비약일까? 교육과정 계획 수립에 있어서 가장 먼저, 그리고 가장 중요하게 고려해야 하는 것은 사실 교사 본인이 아닐까? 교사 본인의 교육철학, 성향에 따라 교육과정이 실현되는 모습은 확연히 달라질 것이다. 그래서, 교육과정은 교사로부터 출발한다.

　교사로부터 교육과정이 어떻게 출발하는지, 하나의 사례를 소개하고자 한다. 나는 고등학생 시절부터 정치철학, 특히 민주주의에 대해 관심이 많았던 터라 대학생 때도 학생회장을 하며 민주주의의 중요성에 대해 고민해왔다. 이러한 자칭 '민주시민'으로서의 내 정체성은 교사로서 교육할 때도 이어졌다. 교육과정이 교사의 모습을 통해 어떻게 개발되는지 살펴보자.

교육과정을 만들다

같은 고민, 같이 해보고 싶었다

앞서 말했듯, 나는 민주주의를 굉장히 중요시한다. 그래서 학생들도 나와 같이 민주주의란 무엇이며, 민주사회에서 살아갈 때의 겪게 되는 고민을 같이 해보고 싶었다.

그래서 민주시민교육을 해보고자 결정했다. 1~2학년군 성취기준에 민주시민교육은 언급되지는 않지만. 국가교육과정에서 추구하는 인간 상에 근거하여 민주시민 교육과정 계획을 수립하였고, 시수는 창의적 체험활동과 통합교과, 국어 교과를 통해 확보하였다(자세한 관련성취기준 은 앞으로 나올 활동에 맞게 소개한다). 학생들이 어려워하지 않고, 자연스럽게 민주적 태도를 함양할 수 있도록 교육과정을 월 단위로 설계하였다.

첫째 주: 반장은 뭐 하는 사람이야?

민주주의의 꽃은 선거라고 할 정도로, 민주주의에서 선거는 중요하다. 그러나 선거는 민주주의 실현의 한 방식일 뿐이어서 교육에서 선거를 치르는 것 자체가 목적이 되어서는 안 된다. 따라서 선거 과정에서 민주적 태도를 함양할 수 있도록 교육을 계획하여야 했다. 이를 위해 선거 준비 과정에 많은 시간을 할애하였다.

먼저, 매달 첫 주에 학급회의를 하며 반장의 역할에 대해 이야기를 나누고 생각을 활동지에 정리하게 했다. 반장이 무엇을 하는 사람인 지에 대해 정확히 알아야만, 후보로 나서는 학생과 투표를 하는 학생에게 선거가 의미있는 경험이 될 것이기 때문이다. 이 과정이 없었다면 반장 선거는 으레 그렇듯이 인기 투표로 전락했을 것이다.

실제로 이 과정을 몇 번 거치자, 처음에는 반장이 되고 싶었던 학생이 출마를 포기하기도 했다. 그 이유는 '생각해보니 반장이 자기와는 맞지 않아서'였다. 또한 남자는 남자후보를, 여자는 여자후보를, 친한 친구에게 표를 주는 현상도 현저히 줄어들었다. 나와는 친하지 않더라도 자기가 생각한 반장상에 가까운 친구를 뽑기 시작한 것이다.

반장이 무엇을 하는 사람인지에 대한 이야기와 고민은 한 학기 내내 이루어졌다. 그리고 1학기가 끝나갈 때 쯤, 우리 반은 이런 결론을 내리게 되었다.

'반장은 우리 반의 문제를 알고, 이를 해결하기 위해 솔선수범하는 사람이다.'

반장의 역할을 토의하고, 자신이 생각을 표현하는 시간은 국어 교과 시수를 통해 확보했는데, 관련 성취기준은 다음과 같다.

관련 성취기준	[2국03-01]글자를 바르게 쓴다. [2국03-02]자신의 생각을 문장으로 표현한다.

둘째 주: 반장은 리로워

반장으로 선출된 학생은 처음에는 마냥 좋다. 그러나, 또 곧 후회한다. 반장이 되고 2주 후에 공약 이행 정도를 평가받기 때문이다. 둘째 주에는 반장의 공약 이행 정도를 점검하는 시간을 가졌다.

이는 반장의 공약이 구체적이기에 가능한 일이다. 저학년이라 처음에는 공약이 매우 추상적이었다. '행복한 반을 만들겠습니다'라는 식이다.

그런데 이런 공약은 반장의 역할에 대해 고민을 많이 해온 유권자들에게는 통하지 않는다. 후보자 연설 시간에 이런 대화가 오고갔다.

> 후보자: 제가 반장이 된다면 우리 반을 행복한 반으로 만들겠습니다(으레 많이들 하는 말이다).
> 유권자1: 행복한 반으로 만들겠다는 건 우리 반이 행복하지 않다는 거야?
> 유권자2: 어떻게 해서 행복한 반을 만들겠다는 거야?

이렇게 질문이 많이 나오는 경우, 대부분 당선되지 못했다. 반장에 적합하려면, 무엇을 할 것인지에 대한 목표가 명확해야 한다(이것이 첫 주에 나눈 반장의 역할이다). 따라서, 반장이 되고 하고자 하는 일이 명확하지 않다면, 반장에 적합하지 않은 사람이라는 것이 학생들이 토의 끝에 내린 결론이다.

이런 분위기 때문에 반장 후보자들의 공약은 구체적으로 발전해갔다. 반장의 역할에 대해 합의한 것처럼, 우리 반의 문제점과 해결을 공약으로 내세웠다. 기억에 남는 공약 두 가지를 소개하면 다음과 같다.

> • 복도에서 줄 설 때 시끄럽지 않게 남자 여자 섞어서 줄을 서게 하겠다.
> • 보드게임을 골고루 할 수 있게 규칙을 정하겠다.

물론 이것들 역시 해결방법이 구체적으로 나타나지는 않지만, 문제인식은 저학년 수준에서 굉장히 구체적인 수준이다.

지금도 그렇지만, 나는 당시 줄을 설 때 소란스러운 것을 용납하지 않았기에 학생들을 자주 혼내곤 했고, 이 공약을 건 학생은 이에 대한 해결책을 제시한 것이다. 보드게임 역시 선착순으로 하다 보니 독점 문제가 발생하고 있었고, 이 공약을 걸어 당선된 학생은 자기 공책에 장부를 만들어 일주일을 기준으로 보드게임 이용 예약을 받았다. 이 공약은 꽤 효과가 좋아 이 학생은 반장의 임기가 끝나고도 보드게임 관리인으로 계속 일을 해나갔다.

후보자들은 당선을 위하여 학급의 문제에 대해 고민하여 구체적인 공약을 냈기에 공약 이행 정도의 평가가 가능했다. 반장은 절반의 임기를 보낸 2주 동안의 공약 이행 정도를 발표하고, 다른 학생들은 이를 듣고 격려와 조언을 해주었다.

관련 성취기준	[2바01-01] 학교생활에 필요한 규칙과 약속을 정해서 지킨다. [2국01-05] 말하는 이와 말의 내용에 집중하며 듣는다.

셋째 주: 선거지킴이와 선거운동

우리 반에서 선거는 하나의 이벤트이고 축제다. 학생들은 전면에 나서 인정받고 싶은 욕구를 충족시키기도 하고, 스스로 선거의 과정을 기획하고 준비하기 때문이다.

셋째 주에는 선거를 준비하는 '선거지킴이'를 뽑았다. 선거지킴이는 선거관리위원회의 역할을 학생들이 이해하기 쉽게 이름 붙인 것이다. 선거지킴이들은 후보자 등록부터 선거 개표까지 선거의 모든 과정을 준비하고 시행한다. 그리고 선거운동 기간 동안 후보자이 정당한 선거운동을 하는 지도 감시한다. 이를테면, 햄버거를 사주면서 나를 뽑아달라고(?!) 하는 등의 행동을 하는 지 말이다.

또한 후보자들에게 학급이 원하는 것을 요구하는 시간도 가졌다. 모둠별로 해결이 필요한 학급 문제에 대해 토의하고, 결과를 공유하였다. 이는 후보자들이 공약을 구체적으로 세울 수 있도록 힌트를 주는 과정이었다. 후보자들은 이때 나온 문제점들을 바탕으로 공약을 세우고, 선거 포스터를 만들고 게시판에 붙여 자신을 홍보하였다.

관련 성취기준	[2국03-02]자신의 생각을 문장으로 표현한다. [2국02-03]글을 읽고 주요 내용을 확인한다.

넷째 주: 학생 스스로 치르는 선거

드디어 선거날이다. 선거날이 오면 후보자로 나선 학생들은 긴장하고, 유권자 학생들은 누굴 반장으로 뽑을지에 대한 생각으로 설렌다. 선거지킴이들은 투표지를 만들고, 투표소를 설치한다. 그리고 학생들 책상에는 후보자 평가지가 놓여있다.

반장 선거를 하며 가장 중요하게 생각한 것은 반장 선거가 인기투표가 되어서는 안 된다는 것이다. 그래서 학생들은 반장 후보자들의 연설을 듣고 후보자들을 정해진 기준에 따라 점수를 매긴다. 저학년임을 고려하여 기준은 두 가지를 제시하였다.

생각할 점	점 수
• 후보자가 반장이 되면 하겠다고 한 일이 우리 반에 얼마나 필요한 일인가요?	3 / 2 / 1점
• 후보자가 반장이 되면 하겠다고 한 일을 정말 할 수 있을까요?	3 / 2 / 1점
내가 가장 점수를 높게 준 반장 후보자는? ( )	

이렇게 유권자 학생들은 반장 후보자의 연설과 공약에 점수를 매기며 객관적으로 평가한다. 스스로 점수를 준 만큼, 가장 높은 점수를 준

후보자에게 투표한다. 아무리 나와 친했어도 제시한 공약이 필요한 일이 아니면 점수를 낮게 주고, 결국에 표를 주지도 않는다.

반장 후보자들은 교실 앞에 나와 연설을 한다. 자신이 생각한 학급의 해결해야 하는 문제들과, 이에 대한 해결방법을 구체적으로 이야기한다. 유권자 학생들은 후보자의 연설에 집중하며 '맞아!' 하며 공감하기도 하고, '그건 아니지!' 하며 반대의견을 내세우기도 한다.

관련 성취기준	[2국01-04] 듣는 이를 바라보며 바른 자세로 자신 있게 말한다. [2국01-05] 말하는 이와 말의 내용에 집중하며 듣는다. [2국01-06] 바르고 고운 말을 사용하여 말하는 태도를 지닌다.

연설과 평가가 끝이 나면 학생들은 투표소에서 투표를 한다. 어떤 학생들은 투표소에서도 누구를 뽑아야 하나 꽤나 오래 고민을 하기도 한다.

투표가 끝나면, 선거지킴이들이 투표함을 가져와 교실 앞에서 개표를 한다. 후보자의 이름이 호명될 때마다 환호성이 터져 나온다. 치열한 접전 끝에 누군가는 당선되고, 누군가는 낙선한다. 당선된 학생은 선거지킴이에게 임명장을 받고 싱글벙글하고, 떨어진 학생은 당선자에게 축하의 말을 전한다. 속상한 마음에 눈물을 흘릴 법하지만, 출마 전

결과에 승복한다고 서약했기 때문인지 괜찮다는 표정을 짓는다. 반장은 당선의 기쁨과 앞으로 해야 할 일에 대한 부담감을 안은 채, 유권자들은 더 나은 학급을 만드는 데 일조하였다는 성취감을 가진 채로 새로운 학급이 출발한다.

교육과정을 돌아보다

놀기 좋아하는 교사는 놀기 좋아하는 학생을 만든다

이렇게 글로 쓰고 보니 교육과정 운영이 체계적인 것 같아 보인다. 하지만 실제 실행과정에서는 전혀 체계적이지 않았다. 어떤 학생이 반장에 당선되고 싶은 마음이 앞서, 투표함에 자신의 이름이 적힌 종이를 몇 장 섞는 부정선거(?) 사건도 있었다.

또 반장이 된 학생의 개인 역량에 따라 교육과정이 나의 의도에(공약을 제안하고, 이행을 점검하고, 의견을 듣는) 맞게 운영 될 때도 있었지만, 반장이 정말 아무것도 하지 않아서 시간만 때운 적도 있었다.

그렇기에 매주 1~2시간, 1년 단위로 치면 50시간이 가까운 시간을 할애할 만한 가치가 있던 교육과정이었으나 지금도 선뜻 확신이 들지는 않는다. 그러나 학생들에게 어릴 적 이 경험이 조금이라도 남아, 선거에 어떤 마음으로 참여해야 하고 민주주의의 가치는 무엇인지 교사인 내가 해왔던 고민을, 나에게 가르침을 받은 제자들도 똑같이 고민해보기를. 그래서 서로가 조금은 닮게 되었음을 알게 되는 날이 오기를 바라본다.

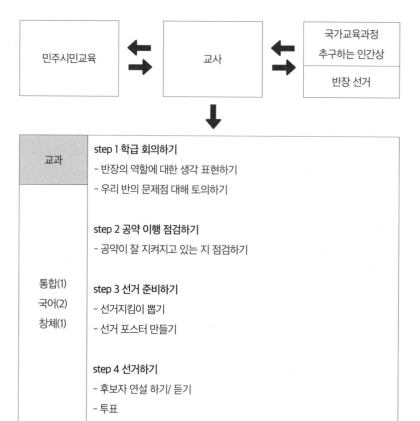

교과	step 1 학급 회의하기 - 반장의 역할에 대한 생각 표현하기 - 우리 반의 문제점 대해 토의하기
	step 2 공약 이행 점검하기 - 공약이 잘 지켜지고 있는 지 점검하기
통합(1) 국어(2) 창체(1)	step 3 선거 준비하기 - 선거지킴이 뽑기 - 선거 포스터 만들기
	step 4 선거하기 - 후보자 연설 하기/ 듣기 - 투표

선생님의 교육과정은 무엇으로부터 출발했나요?

교사 저 자신이 첫 번째였지만 학생들에게 의미있는 배움을 주고 싶은 마음에서부터 교육과정이 출발하였습니다.

선생님의 교육과정은 어떤 크기로 만들어졌나요?

월 단위입니다. 매달 학급회의 - 공약 이행 점검 - 선거 준비 - 선거가 반복되었습니다.

선생님의 교육과정은 어떻게 (어떤 방법으로) 만드셨나요?

제가 학생들에게 가르치고 싶은 내용 중 국가교육과정에 있는 내용을 선택하였습니다. 신거라는 소재를 활용하여 민주시민의 올바른 태도를 가르치고자 하였습니다.

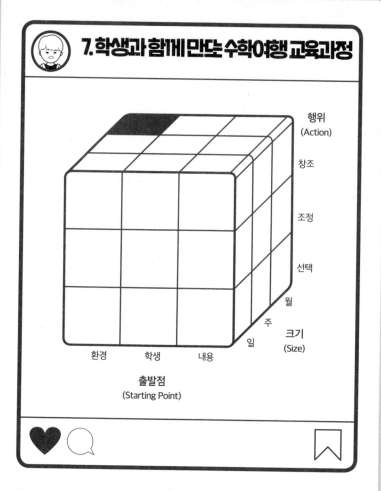

학생 중심 교육과정 개발을 꿈꾸는 남 쌤의

수학여행 교육과정 이야기

#기준중심개발이냐학생중심개발이냐그것이문제로다 #고학년 #수학여행 #월단위
#사회과-세계여러나라 #미술과-사진찍기 #교사는교육과정으로말한다

나를 만나다

누구에게나 처음은 있다. 나도 그렇다

어느덧 교사가 된지 8년째다. 신규교사 때 나는 완벽한 수업을 하는 교사가 되고 싶었다. 내가 생각한 완벽한 수업이란 교과서의 내용을 학생들에게 충실히 잘 전달하는 수업이었다. 그리고 내가 가르친 내용을 학생들이 완벽하게 이해하는 수업이었다. 그래서 교과서와 지도서를 완벽하게 이해하려고 노력했다. 매일 퇴근 후 습관처럼 교과서와 지도서를 읽어보며, 내일 수업을 준비했다. 또 좋은 수업 기술을 갖추는데 집중했다. 첫 발령을 받은 2012년에 개인 연수 이수 기록이 512시간이니 완벽한 수업을 하는 교사가 되기 위해 최선을 다했던 기억이 난다.

또 그때의 나는 다른 사람들이 내 수업을 어떻게 생각하는지를 중요하게 생각했다. 하지만 동료 선생님들과 학부모님들의 눈치를 보면서, 정작 우리반 학생들이 내 수업을 어떻게 생각하는지는 궁금하지 않았다. 그렇게 나는 동료교사들과 학생들에게 수업을 잘하는 교사로 인정 받았다. 하지만 지금도 만나는 첫 제자들은 그때 나에게 배웠던 수업에 대한 기억은 없다고 말한다. 나는 열심히 살았지만 그 열심의 에너지는 학생에게 향하지는 않았다. 교사로서의 개인적인 만족, 주변으로부터의 인정 이 두 가지가 신규교사인 나에게 더 중요했다.

교육과정을 만들어야겠다고 생각하다

군 복무를 마치고 돌아오면서 새로운 지역과 학교에 발령받게 되었 다. 그곳에서 처음으로 교육과정을 개발하고 가르치는 선생님들을 만 나게 되었다. 이래도 되나 싶을 정도로 그 선생님들은 교과서를 가르치 지 않았다. 하지만 그 누구도 나에게 그렇게 하라고 강요하지 않았다.

또 처음으로 국가수준 성취기준의 존재에 대해서 인식하게 되었다. 사실 교사로서 가르쳐야 하는 것은 성취기준이었다. 교과서는 성취기 준을 가르치기 위한 여러 가지 교육과정 자료 중에 하나일 뿐이었다.

그렇게 처음으로 교과서대로만 수업하던 모습에서 벗어나서 나의 교 육과정을 만들어 보았다. 처음에는 너무나 어려웠다. 내가 가르친 교과서 속에는 가르칠 내용과 그에 따른 활동이 분명히 제시된다. 그 단계만 따라가도 한 차시의 수업을 할 수 있었다. 반면 내가 개발한 교육과정은 개발부터, 실행, 평가까지 가르칠 내용을 선정하고 조직해야 했다. 또 그 속에서 학생의 의견도 충분히 반영해야 했기에 투입되는 시간도 많을 수밖에 없었다. 하지만 나는 교육과정을 개발하고 실행하면서 유의미한 변화를 발견할 수 있었다. 바로 학생들의 변화된 모습이었다. 개발한 교육과정을 실행하며, 학생들은 자신들이 하고 싶어 하는 활동이나 배우고 싶은 내용들을 스스럼없이 이야기했다. 교과서대로만 수업할 때 조용한 모습이 아니었다. 또 함께 만든 교육과정의 실행에서 학생들은 책임감 있게 임했다. 결과적으로 학생들은 교과서로만 배울 때보다 더 빠르고, 더 정확하게, 더 재미있게 성취기준에 도달했다. 학생과 함께 교육과정을 개발하여 실행하는데 재미를 느끼면서 교육과정을 개발하는 것 보다 교과서로만 수업을 하는 것이 더 어려워졌다.

기준중심 개발자인 내 모습을 깨닫다

교육과정 개발을 시작하고 난 이후로 나는 학생 중심 교육과정 개발자라고 생각했다. 한 번도 의심한 적 없던 그 믿음이 최근 바뀌게 되었다. 그동안의 교육과정 개발을 돌아보니 내 개발에서 가장 중요한 것은 사실 학생이 아니었다. 중요했던 것은 성취기준이었다. 그래서 학생들과 주제를 만들거나 활동을 만들 때도 성취기준 달성과 관련 있는 주제나 활동에 대해서는 거의 터치하지 않았다. 반면에 성취기준과 거리가 먼 활동이나 주제가 나오면 다시 성취기준과 관련성을 갖도록 피드백을 주었다.

결국 학생중심 개발인 줄 알았지만 사실 나는 교육과정을 개발할 때 철저히 기준을 중심으로 개발했다. 교과서대로만 가르치지는 않았지만 교육과정 개발의 출발점은 국가수준 교육과정의 성취기준부터였다. 성취기준을 잘 가르치는 것이 목적이기에, 학생들이 성취기준을 더 잘 이해해야 한다고 생각했다. 그래서 학년의 성취기준을 모아서 하나의 판으로 만들었다. 어려운 용어는 학생의 수준에 알맞게 변경했다. 학생들은 주제나 활동을 만들 때 판 속에 있는 성취기준을 보면서 만들었다. 학생의 의견을 듣고 함께 주제나 활동을 만드는 가장 중요한 이유도 성취기준을 달성하기 위해서였다. 물론 가끔 성취기준과 무관하게 학생들과 주제와 활동을 만드는 경우도 있었다. 하지만 그럴 때마다 내 마음 한편에 있던 두려움과 불안감이 생겼다.

그렇지만 나는 여전히 학생 중심 개발을 꿈꾼다. 학생중심의 교육과

정 개발이 더 온전히 학생의 삶과 흥미를 반영할 수 있다고 생각하기 때문이다. 그러기 위해서는 개발의 모습을 기준 중심에서 학생 중심으로 더 이동해야 한다. 하지만 나는 아직도 성취기준을 버리거나 혹은 도구로 삼는 것이 힘들다. 이전의 나에게 교과서가 절대적이었다면, 지금 나에게 절대적인 것은 성취기준이기 때문이다. 학생을 절대적인 것으로 보아야 가능한 것일까? 여전히 나에게는 어렵다. 어렵지만 나는 여전히 꿈꾼다. 학생이 하는 모든 활동을 교육과정적으로 풀어서 의미를 부여하는 그런 개발을 말이다.

교육과정을 만들다

무엇을 가지고 교육과정을 만들지 고민하다

초등학교 6학년 학생들이 학교에서 가장 좋아하는 활동을 무엇일까? 놀이시간? 점심시간? 체험학습? 체육시간? 대부분의 학생들은 친구들과 어울려 함께 할 수 있는 시간을 선호한다. 6학년 담임교사의 경험으로 학생들이 가장 선호하는 활동을 골라보면 바로 '수학여행'이다. 수학여행. 학창시절에 수학여행 한 번 안 가본 사람이 있을까? 또 학창시절 수학여행에서 추억의 조각 하나 없는 사람이 있을까? 수학여행은 우리 모두의 기억 속에 남아 있는 특별한 경험이다.

비록 코로나로 인해 올해는 그 특별한 경험이 멈춰 있어도 코로나가 종식되면 수학여행은 언제든지 교육과정을 개발하여 실행하는 중요한 재료가 될 수 있다. 수학여행을 준비하면 맨 처음 학생들에게 듣는 질문은 언제나 같다. 바로 장소 결정에 관한 질문이다.

"선생님, 올해는 수학여행 어디로 가요?"

"저는 ○○ 가고 싶어요."

"야, ○○ 안 가본 사람이 있냐,? 선생님 저는 ○○ 가고 싶어요."

하지만 미안하게도 우리 학생들에게는 장소 선택권이란 없었다. 교육과정과 수학여행이 만나기 전의 수학여행은 말 그대로 교사가 A부터 Z까지 모든 걸 준비해야 하는 숙박형 현장체험 학습이었다. 이때 교사는 여행가이드가 되어, 패키지 관광 상품을 만들게 된다.

"작년에 경주로 수학여행을 갔으니 올해는 서울로 가자고 해야겠다", "아니야, 근데 서울은 번잡하고 복잡해 학생들에게 안전사고 위험이 있을 거야", "그럼 어니로 가시?", "숙소는?", "여행 일정은?", "이동수단은 전세버스를 빌려야 하나 아니면 기차를 탈까?"

패키지 관광 상품으로의 수학여행을 만들다 보면, 어느새 교사는 지쳐있다. 수학여행 한 번을 위해서 해야만 하는 수많은 과정들이 있다.

장소와 일정에 관한 수요조사부터, 구체적인 수학여행 실시계획서, 학부모님과 함께 해야만 하는 사전답사, 숙박과 차량 및 체험 장소에 관한 예약과 계약, 학생들 안전관리 문제, 다녀와서의 사후 만족도 결과 및 정산까지 교사들은 이 많은 것을 당연히 해야만 한다. 그렇게 숨 가쁘게 수학여행을 끝내고 나면 어느새 학교 종합감사 1순위 대상은 수학여행이다. 이렇게 수학여행이 점점 학교와 선생님을 어렵게 했고, 그 어려움은 학교 현장의 수학여행에 대한 부담으로 다가왔다.

수학여행으로 교육과정 만들기를 시작하다

네 번째 6학년 친구들을 만난 해, 나는 스스로 한 가지 다짐을 해보았다. 그동안 수업에서 또는 교육과정에서 학생들과 무수한 활동을 만들었다. 학생들은 자신들이 만든 교육과정과 활동에 적극적으로 참여했다. 이를 바탕으로 나는 한 가지 중요한 결정을 내리게 된다. 바로 교육과정 밖에 있던 수학여행을 교육과정 안으로 가져오기로 한 것이다. 이런 나의 생각을 학생들과 공유했다. .

"애들아 올해 수학여행은 너희들이 직접 준비하고 만들어볼래?"

"정말요? 선생님… 후회하실 텐데…?"

"그럼 여행 장소도 저희가 정하는 거죠. 우리 방탄 오빠들 보러 갈래?"

"아니야 나는 에버랜드에 가서 놀이기구를 타고 싶어."

"선생님 해외여행도 되나요?"

교육과정 만들기 첫 시간은 폭망의 연속이었다. 수학여행 첫 시간의 나의 실수를 떠올려보면, 학생들에게 아무런 준비 없이 수학여행을 교육과정 주제로 던진 것이 화근이었다. 이렇게 학생이 중심이 되어 수학여행을 만드는 활동은 사실 중고등학교에서 또는 다른 초등학교에서는 새로운 일이 아닐 수도 있다. 하지만 처음 해보는 낯선 방식에 교사인 나는 이게 과연 잘 될까? 하는 의심을 떨치기 어려웠다.

학생들과 다음 시간에 다시 수학여행 만들기를 시작하였다. 먼저 학생들에게 성취기준 모음판을 꺼내게 한 후 모둠별로 성취기준을 확인하면서 수학여행에서 배우고 싶은 것, 하고 싶은 활동을 만들어 보게 했다. 성취기준만으로는 활동이나 주제 구상이 어려운 학생들은 교과서 내용을 참고하도록 하였다. 그러자 놀랍게도 학생들은 그 안에서 교육과정과 유관한 활동을 만들어내기 시작했다.

학생들은 그동안 우리 학교의 특색 활동인 생태를 주제로 교육과정을 만들어 수학여행과 연계하려고 했다. 그래서 학생들이 고른 장소는 생태와 관련된 순천과 여수가 선정되었다.

교육과정 성취기준	교과	우리가 만드는 활동
[6국02-02] 글의 구조를 고려하여 글 전체의 내용을 요약한다. [6국01-01] 구어 의사소통의 특성을 바탕으로 하여 듣기·말하기 활동을 한다. [6국05-06] 작품에서 얻은 깨달음을 바탕으로 하여 바람직한 삶의 가치를 내면화하는 태도를 지닌다.	국어	• 온책읽기 작품(순천만) 이야기를 통하여 순천만의 이야기 읽고 간추리기 • 순천이 생태 수도가 된 이야기를 보고 느낀 점 나누기 • 순천 관련 수학여행 계획 세우기 • 수학여행에 참여한 것을 본 것, 안 것, 느낀 것으로 나누어 정리하기
[6사07-04] 의식주 생활에 특색이 있는 나라나 지역의 사례를 조사하고, 이를 바탕으로 하여 인간 생활에 영향을 미치는 여러 자연적, 인문적 요인을 탐구한다.	사회	• 순천만국가정원의 다양한 나라의 정원의 모습을 살펴보고, 왜 그런 모양이 나오는지 알아보기
[6미01-02] 대상이나 현상에서 시각적 특징을 발견할 수 있다. [6미02-04] 조형 원리(비례, 율동, 강조, 반복, 통일, 균형, 대비, 대칭, 점증·점이, 동세 등)의 특징을 탐색하고, 표현 의도에 적합하게 활용할 수 있다.	미술	• 사진의 구도 알아보기 • 조형원리를 이용한 사진 촬영 해보기 • 순천만국가정원박람회의 다양한 국가 정원 촬영하기 • 사진의 구도를 이용하여 순천과 여수의 추억 남기기

학생들과 교육과정에 들어갈 활동을 만드는 두 가지 팁이 있다. 첫 번째 팁은 아이디어를 모을 때는 전체회의보다는 모둠별 회의가 의견 수합이 잘 되는 경우가 많았다. 주제와 상관없는 엉뚱한 활동들은 이 모둠회의 단계에서 많이 걸러지게 되었다. 두 번째 팁은 회의 자료를 학생들이 알아볼 수 있게 직접 정리하도록 했다. 정리 방식은 어떤 방법이든지 상관없었다. 마인드맵, 설명글, PPT 등 발표하는 학생들과 듣는 학생들이 알아들을 수 있을 정도면 상관이 없었다. 그렇게 모둠의 다양한 발표를 다 들으면, 실제 우리가 할 활동들을 결정하게 된다. 그렇게 결정된 활동은 왼쪽 표와 같았다.

먼저 학생들은 우리 반이 해오던 온책읽기 활동을 수학여행과 연계시켜 보고 싶어 했다. 그래서 우리의 여행지인 순천에 관한 책인 순천만이라는 책을 구해서 함께 읽어보기로 했다. 또 독서감상문과 관련된 성취기준을 가지고 와서 학생들이 수학여행을 기행문의 3요소인 본 것과 인 것, 느낀 것으로 수학여행 과정을 배움공책에 정리해 보도록 했다. 이 과정에서 내가 개발한 교육과정을 보고 한 선생님이 다음과 같은 질문을 하셨다.

"선생님 기행문은 6학년 2학기의 교과서에 나오는 내용인데 1학기에 가르치셔도 되나요?'"

결론은 전혀 상관없이 그래도 된다는 것이다. 국가수준 교육과정에서 제시하는 성취기준은 학년군 단위로 제시되어 있다. 해당 학년군에서 주어진 국가수준의 성취기준을 달성하면 되는 것이다. 교과서 역시도 수많은 성취기준 도달을 위한 교육과정 자료 중 하나이다. 따라서 교과서에 있는 내용을 교사가 학생에 알맞게 순서를 바꾸거나 다른 방식으로 대체하는 것이 얼마든지 가능하다.

다음으로 학생들이 가져온 내용은, 미술 교과의 사진 찍기이다. 초등학교 6년을 보내면서 사실 학생들이 하는 미술 교육활동의 내용은 어느정도 정해져 있다. 회화와 조소로 대변되는 활동들이 학년수준에 맞게 국가수준 교육과정에서 성취기준으로 제시되어 있다. 그것에 익숙해져 있던 학생들에게 사진 찍기라는 소재는 흥미를 자극하기에 충분했다.

이렇게 교육과정의 주제와 활동을 함께 개발하면, 학생들은 자신들의 기준에서 새로운 것, 재미있을 만한 것을 먼저 하려는 경향이 있다. 나 역시도 처음 학생들과 함께 수업 만들기를 할 때 이 부분에서 어려움을 겪었다. 학생들이 활동을 만들기 시작하면, 교육과정 실행의 후반부 주제에는 남는 성취기준을 가지고 해야 한다는 부담감이 있었다. 그래서 학생들이 후반부 교육과정 실행은 지루해하면서 교육과정 운영이 어려웠다. 그때를 생각해보면, 나는 교육과정 주제 안에 있는 모든 활동은 우리 학년군의 성취기준과 모두 다 대응되어야 한다고 생각을 가지고 있었다.

사회과의 세계 여러 나라에 관한 성취기준을 가져온 과정도 마찬가지였다. 학생들이 순천의 유명한 여행 장소를 찾던 중 순천만국가정원 박람회장을 골랐다. 그 이유는 박람회장 안에 세계 여러 나라의 정원이 있다는 것을 알게 되었기 때문이다. 세계 여러 나라의 다양한 모습을 알아보는 사회과의 성취기준을 가지고 와서 박람회장 안의 다양한 정원의 모습을 알아보는 활동을 만들었다. 더욱더 놀라운 것은 학생들이 한 가지 활동을 통해 두 가지 싱취기준을 동시에 도달하려고 한 점이다. 미술과에 제시된 사진 찍기와 관련된 성취기준을 활용하여, 사회과의 세계 여러 나라의 모습을 알아보는 성취기준 달성에 활용되었다는 점이다. 이렇게 학생들은 교육과정과 수업과 관련하여, 때로는 교사보다 더 기발한 아이디어를 준다. 교사는 학생의 아이디어를 잘 정리해,

실제 이뤄지게 만들면 된다. 학생들은 나의 아이디어가 우리 반의 교육과정 활동으로 실질적으로 구현되는 데 재미를 느낀다. 교사인 나도 교육과정 안에 해야만 하는 것(국가수준 성취기준), 학생이 하고 싶은 것, 교사가 하고 싶은 것을 모두 녹여낼 수 있기 때문에 학생과 함께 교육과정 만들기는 재미있다. 학생의 흥미만, 또는 교사의 흥미만을 강조하는 것은 아니냐고 되물을 수 있다. 결론적으로 학생과 교과의 흥미를 넣어도 학생들은 이미 교육과정을 함께 개발하고 실행하는 과정에서 도달해야 할 성취기준에 도달해 있다. 학생 스스로가 교육과정을 개발할 때 계속해서 성취기준을 보면서 주제와 활동을 만들기 때문이다.

수학여행으로 만든 교육과정을 실행하다

수학여행을 앞두고, 온책읽기를 할 〈순천만〉이라는 책을 보는 것으로 우리의 교육과정 여행은 시작되었다. 온책읽기 활동을 할 때 가장 힘든 것은 같은 책을 학생당 한 권씩 구비하는 것이다. 그래서 이전까지 온 책읽기 활동은 교사나, 혹은 학생이 책을 구해오면 모두가 돌려보는 방식이었다. 그러면 모두가 같은 책을 함께 읽고 활동을 하는 온책읽기의 목적에 부합하지도 않고 수업으로 운영하는데도 어려웠다. 다행히 우리 교육청은 3~6학년 학생들이 온책읽기 책을 살 수 있는 예산을 지원해 주어서 이런 걱정을 덜게 되었다. 교육청이 교사의 교육과정 개발과 실행을 지원하는 아주 좋은 사례라고 생각한다. 이런 교육청의 지원은 전 학년으로도 지원 범위를 확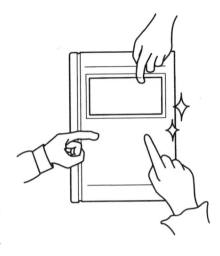대해도 좋겠다는 생각을 했다. 책을 읽으면서, 학생들은 순천이라는 공간 자체에 대한 관심을 갖게 된다. 그럴 때 자연스럽게 국어과의 성취기준을 이용해서 글의 내용을 요약하는 활동을 한다. 요약한 내용을 바탕으로 순천만을 소개하는 발표 자료를 만들었다. 순천만 책 뒤의 순천만을 지키기 위한 시민들의 시민운동은 사회 교과서에 제시된 시민운동의 사례보다 더 생생하게 학생들에게 다가왔다. 순천에 가보지는 않았지만, 학생들의 책의 내용과 그림을 보고 우리가 가는 순천만을 상상하여 그리는 활동도 했다.

온책읽기 활동을 통해 순천에 대해 관심을 갖게 된 학생들은 본격적으로 수학여행 코스를 만들기 시작했다. 직접 2박 3일의 일정을 짜면서 태블릿pc를 들고 네이버 지도에서 거리와 시간을 계산하고, 원하는 장소의 입장료를 조사해서 정리했다. 숙박하고 싶은 숙소도 직접 결정하고 예약이 가능한k지 여부를 알아보았다. 생태와 관련된 전통가옥으로 숙박 장소를 결정하고 잘했죠? 라고 물어보는 학생들의 표정을 보며, 교육과정 만들기의 즐거움을 느낄 수 있었다. 우리는 수학여행의 이름도 바꿨다.

"선생님 우리가 생태를 배우러 가는데 여행 이름도 바꿔보면 어떨까요?"

"그래, 다른 친구들은 어떻게 생각하니?"

"순천 여수를 찾아 떠나는 여행은요?"

"6학년 하랑반의 여행이요."

"안 되겠다. 우리 그럼 이름 한번 뽑아볼까?"

그렇게 학생들과 수학여행 이름 공모전까지 실시하게 되었다. 그렇게 정해진 이름은 '초록이들의 생태여행'이었다. 여행의 이름까지도 확정이 되었지만 중요한 문제는 하나 더 남아 있었다. 모든 수학여행을 실시할 때는 매뉴얼이 있다. 이 매뉴얼의 단계대로 진행해야 하는데 우리는 수요조사가 실시되지 않은 채 이미 학생이 여행의 장소 일정 숙소까지도 모두 결정하였다. 학생들이 이미 여행을 만들었고, 교사가 교육과정과 관련성 검토 및 안전 조사를 마무리했는데도, 형식적인 수요조사는 필요한 것일까? 이미 수학여행은 교육과정 속 하나의 주제로 들어왔는데 말이다. 학생들과 만든 수학여행 계획 이외에 나머지 2개의 계획을 기계적이고 형식적으로 만들고 가정통신문을 만들면서 아쉽다는 생각이 맴돌았다.

수요조사 속에서 반드시 80퍼센트의 학생과 학부모님의 동의가 확보되어야 한다. 수학여행 담당자는 학부모님과 함께 수학여행의 모든 코스를 사전답사해야 한다. 이 과정이 끝나면 사전답사 보고서를 올리고, 이를 바탕으로 수학여행 계획서를 결재받는다. 결재가 끝난 후, 숙소와 교통수단에 대해 계약을 하면, 기본적인 준비는 다 끝나게 된다. 그럼 만들어진 계획안과 예상 금액을 가지고 학교운영위원회에 심의를 받게 된다. 단계가 너무 복잡했고, 해야만 하는 과정이 너무 많았다. 학생과 교사의 안전을 위한 체험학습의 매뉴얼이 교사의 교육과정 실행의 자율성에는 어려움을 주었다.

그렇게 설레고 설레던 수학여행이 시작되었다. 버스 속에서부터 학생들은 배움공책를 통해 자신들이 방문하는 장소에 대해서 적기 시작했다. 어느 휴게소를 방문해서 소떡소떡을 먹었다는 내용까지 자세히 적은 학생이 있어서 놀랐다. 처음 도착한 장소는 순천이었다. 순천의 국가정원박람회장에 도착하여 활동을 시작하였다. 학생들은 각자 남자팀, 여자팀으로 나뉘어서 국가정원 박람회장을 돌기 시작했다. 여기서도 학생들의 차이는 존재했다. 앞머리가 중요해, 땀나는 걸 싫어했던 여자팀은 박람회장 안을 도는 버스를 통해 국가별 정원을 방문하여 사진을 찍었다.

반면 열심히 뛰는 것을 좋아하는 남자팀은 그 넓은 박람회장을 열심히 뛰어서 모든 국가의 정원에서 사진을 찍었다. 이렇게 세부운영은 달랐지만 학생들은 모두 이미 배운 세 가지 구도에 맞게 사진을 찍고 밴

교육과정 성취기준		평가기준
[6미01-02] 대상이나 현상에서 시각적 특징을 발견할 수 있다.	상	3개의 사진의 구도에 알맞게 사진을 찍어서 여러 나라의 정원의 모습을 표현할 수 있다.
	중	1~2개의 사진의 구도에 알맞게 사진을 찍어서 여러 나라의 정원의 모습을 표현할 수 있다.
	하	사진의 구도에 알맞게 사진을 찍어서 여러 나라의 정원의 모습을 표현하려고 노력했다.

드에 올렸다. 교사는 수학여행이 끝난 후 학생평가에서 밴드에 올라온 산출물을 보고 사진 찍는 기준과 부합한지를 보고 성취기준 도달 여부를 평가하였다.

     ·

다음 장소는 순천만이었다. 학생들과 함께 도착한 순천만을 모습을 보면서 자연스럽게 책에서 읽은 내용들이 떠오르게 되었다. 순천만에 이미 와본 학생들도 있고, 처음인 친구들도 있었지만, 그 순간 순천만의 모습에 흠뻑 빠져 드는 것은 모두 같았다. 그때 우리 반에서 가장 조용한 친구인 우영이가 말했다.

"애들아 우리 용산전망대에 올라가지 않을래?"

"책에서는 그 곳에서 해가 떨어지는 모습을 보면 정말 아름답다고 했어."

"그래 같이 올라가자."

"선생님, 서는 안 가면 안 돼요?"

"오늘 너무 힘들어요."

"저도요"

"아니에요, 저는 올라가고 싶어요."

우영이라는 친구는 평소에 수업에 그렇게 적극적으로 참여하는 학생은 아니었다. 사실 우리 계획도 순천만 갈대밭 데크만을 둘러보는 것이었다. 하지만 평소 배움에 소극적인 학생이 하고 싶은 것을 이야기했을 때, 담임교사로서는 그 요구를 외면하기는 너무 어려운 일이다. 여행 중 활동을 바꾸는 것은 엄밀히 말하면 교사가 자신의 교육과정을 실행하면서, 학생의 의견을 반영하여 교육과정 실행 중 미리 개발한 내용을 바꾸는 것은 큰 부담이다.

그럼 교사는 실행 중에 모든 학생의 의견을 수용해서 내용을 바꾸어

야만 할까? 그건 아니다. 이미 개발과정에서부터 학생들이 적극적 참여자기 때문에 사실 진행되는 교육과정의 주제와 같은 큰 틀은 변하지 않는다. 다만 학생들이 그 교육과정에 참여하면서 하고 싶거나 바꾸고 싶은 활동이, 교육과정 목적과 유관하다면 더 적극적으로 학생들의 의견을 반영할 수 있다는 것이다. 이렇게 교육과정은 실행되는 과정에서도 다양하게 변형될 수 있고, 그 모습은 개발의 또 다른 모습일수 있다.

용산전망대에서 순천만을 향해 떨어지는 해를 보면서 올라간 학생들은 각자 풍경을 미리 배운 사진의 각도로 찍기 시작했다. 그 사진은 평가의 자료이면서 동시에 학생들이 직접 만드는, 졸업앨범의 한 장면으로 장식된다. 실제 학생들이 교사와 함께 만든 교육과정 속에서 배운 내용을 자신의 삶에서 써먹는 모습을 보는 것 역시 교육과정을 개발하면서 느낄 수 있는 교사로서의 가장 큰 즐거움 중 하나이다.

1일차 여행을 마치고, 학생들이 직접 예약한 한옥 숙소로 오게 되었다. 저녁을 먹고 남학생은 남학생들 방에서, 여학생은 여학생들 방에서 둘러앉아 하루의 기록이 담겨있는 배움공책을 꺼냈다. 그리고 그날 본 것, 알게 된 것, 생각한 것을 공유하였다. 이 공유의 기록 역시도 아이들의 배움공책에 그대로 남아 있었다. 공유의 시간이 끝나고는 학생들에게 자유로운 시간을 주었다. 학생들은 뭐 그리 할 말이 많은지 밤새도록 열심히 수다를 떨며 잠에 들지 않았다. 그렇게 학생도 교사도 잠들지 못한 긴 밤이 지나고 둘째 날이 되었다.

둘째 날 함께 여수로 갔다. 여수에서 먼저 도착한 장소는 해상 케이블카를 타는 곳이었다. 모든 일정과 순서를 학생이 만들었기 때문에 학생들은 이미 언제 어디에 도착하는지를 술술 꿰고 있었다. 케이블카를 타고 바다를 건너며 학생들은 또 여러 장의 사진을 찍는다. 물론 중간에 본 것, 느낀 점도 꾸준히 배움공책에 들어간다. 다음으로는 점심을 먹으러 학생들이 직접 고른 여수 맛집에 갔다. 학생들이 직접 고른 식당은 간장게장과 양념게장을 하는 곳이었다. 학생들이 함께 정한 장소이기에 게장을 좋아하는 친구들은 물론 그동안 게장을 못 먹었던 친구들도 맛있게 접시를 비웠다.

학교로 돌아가기에 앞서 마지막 일정은 레일바이크를 타는 곳이었다. 이 장소에서 의미 있던 지점은 기존에 개발한 교육과정에 없는 활동도 학생들이 하였다는 점이다. 학생들은 즉흥적으로 어느 팀이 더 빨리 돌아오는지 시합을 했다. 그런데 학생들이 하는 레일바이크 시합이 교육과정 활동이 될 수 있는지? 더군다나 기존에 계획된 교육과정 활동도 아닌데? 와 같은 의문이 생길 수도 있다.

6학년 학생들은 분수와 곱셈과 나눗셈을 배운다. 이미 과학시간에 속력을 구하는 법을 배운 학생들은 자신들이 반환점을 돌아오는 시간을 계산했다. 레일바이크 구간의 거리는 동일했기에 학생들 모두 자기 팀의 속력을 계산할 수 있다. 교사가 학생이 하고 싶은 활동을 교육과정으로 의미를 부여하고, 이는 학생활동에 대한 지지로 이어진다. 이렇게 교사는 학생이 하고 싶은 활동을 위해 성취기준을 재료로 사용하기도 한다. 학생들과 교육과정을 만들 때도 하고 싶은 것을 먼저 만들고 그와 관련된 성취기준을 찾아 연결시키는 모습도 많았다. 그렇게 수학여행을 마치고 돌아오는 길에 학생들 모두 꿈나라에 빠지면서, 우리의 교육과정 여행은 끝나게 되었다.

교육과정을 돌아보다

교사가 만든 교육과정 속 평가는 치열하다

흔히 교사교육과정이라 하면 제일 많이 오해하는 부분이 있다. 그래 교사나 학생들이 마음껏 교육과정을 만드는 것은 좋다. 근데 과연 그 학생들이 자신들이 해야 하는 것을 다 했는지 어떻게 알 수 있는가? 교육과정을 만들어서 실행하면 교과서로 수업하는 것보다 평가에 소홀하지는 않는가? 학생의 배움에 대한 평가가 교육과정만으로 가능한가? 와 같은 평가에 관련된 오해들이다.

결론부터 말하자면, 내 수업을 위해 교육과정을 개발해 실행하는 교사들도 당연히 평가를 한다. 어떤 수업을 하던 평가를 안 하는 교사는 없다. 교과서로 가르치는 교사는 교과서의 내용으로 평가한다. 마찬가지로 교사가 개발한 교육과정 속의 평가는 교육과정의 내용으로 평가를 한다. 특히 교사가 교육과정을 만들면, 교육과정 실행 전, 중, 후 모든 과정에서의 평가를 통해 학생들의 배움의 정도를 파악할 수 있다. 이를 바탕으로 배움이 미진한 학생에게 거의 상시적 피드백 제공이 가능해서, 학생이 언제든지 다시 기준에 도달할 수 있게 한다.

수학여행을 마친 후, 학생들은 먼저 배움공책에 적은 내용을 바탕으로 기행문 쓰기 활동을 했다. 기행문 학습지 위에 평가 기준을 상세히 제공하여 학생들이 기행문을 쓰도록 도왔다. 이때 학생들은 자신들이 쓴 배움공책은 언제든지 확인 할 수 있도록 했다. 평가 방법 역시 쓴 글을 모아 교실 뒤에 전시하고 학생들이 갤러리 워크를 통해 수정하고 싶은 부분, 궁금한 부분을 적게 하여 동료 평가를 먼저 실시 후, 교사 평가가 이루어졌다. 활동이 마무리되면 학생들은 다시 친구들과 교사의 피드백을 반영하여 기행문을 다시 쓰게 되고 다시 쓴 글은 발표하며, 학급 문집의 자료로 재탄생했다. 학생들은 모두 두 번의 글쓰기 평가와 1회의 작품전시, 1회의 발표를 했다. 이정도로 평가를 진행하면 모든 학생은 기행문에 들어갈 요소에 알맞게 자신들만의 글을 쓸 수 있게 된다. 사진에 관한 성취기준도 마찬가지이다. 학급 밴드에 올린 다양한 각도의 사진을 학생들이 발표하면 친구들은 미리 만든 평가지

속 기준을 통해 사진 산출물을 평가한다. 이때 교사 역시도 한 명의 평가자로 참여한다. 학생들이 다양하게 찍은 사진들은 큰 이젤패드에 뽑아 붙인 후 다른 학년의 동생들과 경험을 공유하고, 사진을 전체 다모임 시간에 발표하기도 한다. 이때 중요한 것은 교사는 학생의 산출물과 발표를 동시에 보며, 성취기준의 도달 정도를 살핀다는 점이다.

레일바이크 속력을 계산했던 것은 그대로 수학 수행평가의 지필평가 문제로 바꾸어 제시했다. 지필평가에 얼굴을 찌푸리던 학생들도 자신들의 이야기가 문제로 나오면 더 집중해서 문제에 임하게 된다. 6학년 교사들은 사실 고민이 많다. 내년이면 학생들은 모두 중학교에 진학한다. 중학교 1학년은 자유학년제라서 시험도 보지 않는다는데, 우리 반은 어떻게 하지? 그런 고민 속에서 수학 교과는 언제나 교육과정을 개발할 때 숙제와 같은 과목이다. 무엇보다도 학생들이 배워야 하는 내용이 많고, 계열성으로 얽혀있기 때문에 한 번 놓치면 다음 단계로 넘어가기 어렵기 때문이다. 그래서 다른 교과와 통합하여 운영하기 어려운 점이 있고 결국 수업의 방식도 철저한 강의식과 문제풀이 위주로 흘러가는 경우가 많다. 개발하는 교육과정 속에서 유관하게 녹여내고 싶어 방법이 없을까? 고민하지만 아직도 수학은 나의 교사교육과정 개발에서 어려움으로 다가온다.

교육과정 개발자로서 교육과정으로 살아가다

교육과정에 대해 공부하며, 고민할 때 많은 선생님들과 함께 나누는 질문이 있다. 교사는 왜 교육과정은 만들어야 하는가? 이 질문에 대한 답은 결국 교사인 나와, 내가 만나는 학생들 때문이라는 간단한 답으로 이어진다. 이전에 교과서를 충실히 가르칠 때보다 교육과정을 개발하는 지금의 내 모습에 나는 더 만족한다. 교사로서 가르치는 보람도 더 많이 느낀다. 무엇보다도 교사가 가르쳐야 하는 성취기준에 학생들이 더 빨리, 더 잘 도달했다. 학생들도 더 적극적으로 변화했다. 자신이 배움에서 주도적으로 기획하고, 이를 실천하는 힘을 기를 수 있었다. 무엇보다도, 교사와 학생이 함께 보내는 순간순간이 교육과정이라는 이름으로 시로에게 더 오래 기억된다. 결국 나는 학생들과 교육과정으로 살아가고 있는 것이었다. 물론 교육과정을 개발하는 것은 쉽지 않다. 시간도 많이 걸리고, 가르칠 내용을 선정하고 조직하는 데 많은 교사의 에너지가 필요하다.

내가 가장 어려웠던 것 중 하나는 학생들에게 교육과정의 또는 수업의 주도권을 넘기는 지점이었다. 당장 모든 과목을 다 개발해서 실행해야만 한다는 것이 아니다. 다만 나의 교육과정을 운영할 때, 교사가 의사결정을 하는 지점에서 학생, 교과, 환경을 충분히 고려해서 의사결정을 했으면 하는 바람인 것이다. 그렇게 교사가 내리는 의사결정의 모습이 현장에서 더 많이 생기고 더 분명해지기를 바란다. 그렇다면 교사는 이전까지 주어진 교육과정을 충실히 전달하던 전달자에서 내 교육과정을 개발하고 실행하는 개발자의 모습으로 나아갈 수 있을 것이다. 더욱더 많은 교사의 더 다양한 교육과정을 보고 싶다. 그리고 그 모든 교사교육과정 하나하나가 존중받는 날을 희망해본다.

Flow Chart

함께 만드는 교육과정 주제		주제설정 이유		기간	5, 6월	시수		51시간	
생태를 찾아 떠나는 여행		우리 학교의 중점 교육 사항인 생태 교육은 내면의 크고 작은 상처를 가지고 있는 우리 아이들을 위해 반드시 필요한 교육이다. 생태를 배우고 생태 속에서 살아가며, 마음의 안정을 찾고 자기 주도적으로 배우도록 한다.		학력	자기주도적 학습능력 의사소통능력 공동체능력	국	사	수	과	미
						17	15	5	5	9

소주제	교육과정 성취기준	교과	시수	교육과정 활동	평가주제	방법
함께떠나요	[6국02-02] 글의 구조를 고려하여 글 전체의 내용을 요약한다. [6국01-01] 구어 의사소통의 특성을 바탕으로 하여 듣기·말하기 활동을 한다. [6국05-06] 작품에서 얻은 깨달음을 바탕으로 하여 바람직한 삶의 가치를 내면화하는 태도를 지닌다.	국어	17	• 온책읽기 작품(순천만) 이야기를 통하여 순천만의 이야기 읽고 간추리기 • 순천이 생태 수도가 된 이야기를 보고 느낀 점 나누기 • 순천 관련 수학여행 계획 세우기 • 수학여행에 참여한 것을 본 것, 안 것, 느낀 것으로 정리하기	• 수학여행 기 행문 만들기	관찰평가 자기평가
	[6사07-04] 세계 주요 기후의 분포와 특성을 파악하고, 이를 바탕으로 하여 기후 환경과 인간 생활 간의 관계를 탐색한다. [6사07-05] 의식주 생활에 특색이 있는 나라나 지역의 사례를 조사하고, 이를 바탕으로 하여 인간 생활에 영향을 미치는 여러 자연적, 인문적 요인을 탐구한다.	사회	15	• 세계 여러 나라의 정원의 모습 살펴보기 • 세계 여러 나라의 정원의 모습이 다른 이유 생각해 보기 • 세계 여러 나라의 정원의 모습을 조사하기 • 조사한 내용을 공유하기(인문환경, 자연환경) • 세계 여러 나라의 정원을 소개하는 박람회 개최	• 세계 여러 나라의 정원 박람회에서 소개하기	관찰평가 동료평가
	[6수01-13] 소수의 곱셈의 계산원리를 이해한다. [6수01-15] 나누는 수가 소수인 나눗셈의 계산 원리를 이해한다.	수학	5	• 해상 케이블카의 속력 계산하기 • 다른 팀의 레일 바이크 속력 계산해보기	• 소 수 의 곱셈, 나 눗셈	지필평가
	[6과07-01] 일상생활에서 물체의 운동을 관찰하여 속력을 정성적으로 비교할 수 있다. [6과07-02] 물체의 이동 거리와 걸린 시간을 조사하여 속력을 구할 수 있다.	과학	5	• 속력을 구하는 방법 알아보기 • 레일바이크와 해상케이블카의 속력 구하기	• 속력 구하기	동료평가
	[6미01-02] 대상이나 현상에서 시각적 특징을 발견할 수 있다 [6미02-04] 조형 원리(비례, 율동, 강조, 반복, 통일, 균형, 대비, 대칭, 점증·점이, 동세 등)의 특징을 탐색하고, 표현 의도에 적합하게 활용할 수 있다	미술	9	• 사진의 구도 알아보기 • 조형원리를 이용한 사진 촬영 해보기 • 순천 국가정원 박람회의 다양한 국가 정원 촬영하기 • 사진의 구도를 이용하여 순천과 여수의 추억 남기기	• 구 도 에 알 맞 은 사진 찍기	포트폴리오

선생님의 교육과정은 무엇으로부터 출발했나요?

그동안 교육과정 밖에 있던, 수학여행이라는 환경적인 요소를 교육과정으로 가지고 오면서 시작되었습니다.

선생님의 교육과정은 어떤 크기로 만들어졌나요?

수학여행을 계획하는 단계부터, 실행 전, 중, 후까지 이어지는 51차시의 월 단위 교육과정을 개발하였습니다.

선생님의 교육과정은 어떻게(어떤 방법으로) 만드셨나요?

수학여행이라는 행사를 교육과정으로 가지고 오면서 학생들에게 함께 만들어보자고 합니다. 학생들과 함께 성취기준을 모아놓은 판을 보면서 주제에 알맞은 활동을 창조했습니다. 교육과정 안의 활동은 학생들의 흥미와 요구를 충실히 반영하려고 노력했습니다. 다만 제일 중요한 개발의 기준은 연결된 성취기준의 도달 여부였습니다.

교사,
교육과정으로 살아가다

3장

Teacher as
Curriculum Maker

1. 나도 교육과정 개발자

교육과정 개발자로서 나를 찾아봅시다

1) 내가 개발하고 실행한 교육과정 중에 기억에 남았거나 의미가 있었던 교육과정을 떠올려봅시다.

2) 큐브에 나의 교육과정과 관련된 부분을 색칠해 봅시다(여러 곳을 색칠해도 좋습니다. 또한, 가장 그렇게 생각하는 부분을 다른 색을 칠하거나 조금 더 진하게 색을 표현해보는 것도 교육과정 개발자로서 나의 모습을 찾는 데 도움이 됩니다).

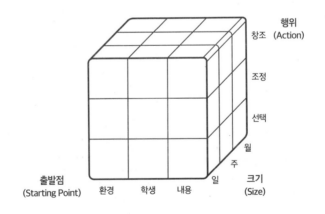

3) 그 교육과정의 맥락을 자세히 살펴봅시다.

  - 교육과정의 목표는 무엇이었나요?

  - 교육과정의 내용(교과 개념, 활동, 경험 등)은 어떻게 선정했나요?

  - 왜 그 내용을 선정했나요?

  - 수업을 준비하거나 실행하면서 계획했던 것과 바뀐 것이 있나요?

  - 특정 활동에 시간이 더 많이 들었거나 내용이 바뀐 것도 예로 들

    수 있습니다.

4) 색칠한 부분을 다시 떠올려보며 교사인 나에게 의미 있게 다가온

   부분에 대해 생각해봅시다.

5) 옆 반 교사와 비교해보는 것도 나의 모습을 더 이해하는 데 도움

   이 됩니다.

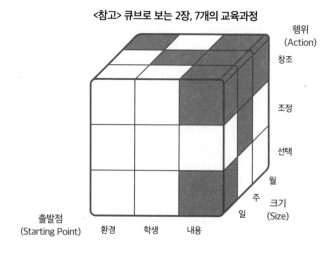

<참고> 큐브로 보는 2장, 7개의 교육과정

교사는 교육과정 개발자이다. 과거에도 지금도 앞으로도 교육과정 개발자의 역할이다. 하지만 많은 교사들은 스스로가 교육과정 개발자임에도 불구하고 그렇게 나 스스로가 교육과정 개발자라고 인지하지 못했다. 나 스스로가 교육과정 개발자라고 생각해볼 수 있는 기회도 없었으며 그에 따른 환경도 뒷받침해주지 못했다. 교사로서 살아가며 교사는 교육과정 개발자이고, 나도 교육과정 개발자라는 것을 알아채는 것은 매우 중요한 지점이다. 지금까지 내가 해왔던 것들에 대한 확신과 의미를 얻어내는 과정이기도 하며, 교육과정 개발자의 삶으로 더 나아가는 도전적인 삶을 살아볼 수도 있게 해주는 기회이기도 하다.

나도 교육과정 개발자로 살아가고 있었다는 것을 알아채기 위한 좋은 방법은 내가 그동안 만들었던 교육과정 이야기 속의 맥락을 생각해보는 것이다. 그 맥락 안에서 교육과정 개발자로서 나를 찾는 것이다. 일곱 개의 교사교육과정 이야기를 통해 일곱 명의 교육과정 개발자의 삶을 바라본 것처럼 '교육과정 개발자로서 나를 찾아봅시다'를 통해 나의 교육과정을 떠올려보며 교육과정 개발자로서 나를 발견할 수 있다.

2. 교사교육과정 이야기

두 명의 교사가 있다고 가정해보자. 같은 주제로 교육과정을 개발한다고 했을 때 서로의 모습은 비슷할까. 같은 주제뿐만 아니라 같은 내용으로 교육과정으로 개발한다고 했을 때, 서로의 교육과정은 비슷할까. 매일 학생들과 뒤엉켜 살아가는 교사 대부분은 비슷할 수 없다고 생각할 것이다. 이 질문에 대한 어떤 교사는 이렇게 답했다.

"같은 주제로, 같은 내용으로 교육과정을 개발해도 환경이 다르고 학생이 다르고 교사의 철학 등이 달라 옆 반과 우리 반의 모습은 다르게 나타납니다."

어떤 교사의 '다르다'라는 표현 속에 그 다름은 어떻게 생겨나길래 옆 반과 우리 반의 모습이 다르게 하는 것일까.

교사는 매일 학생과 뒤엉켜 살아간다. 학생도 교사와 엎치락뒤치락하며 살아간다. 교사와 학생은 매일 그렇게 살아간다. 살아감에 있어서 교사와 학생 간에는 늘 어떤 맥락이 생겨난다. 이 맥락은 같은 상황일지라도 서로 다른 이해를 불러일으킨다. 예를 들어, "선생님, 배 아파요" 이 한마디는 위급한 상황일 수도 있고 교사의 관심을 끌어보려 하는 학생의 의도일 수도 있다. 어쩌면 지금 이 상황이 숨을 쉴 수 없을 정도로 웃긴 순간일 수도 있다. 또, 교사의 관심을 끌려고 하는 학생의 의도라고 본다면 그 말 한마디와 관련된 학생의 행동, 이것과 연결된 학생의 모습, 말로 표현할 수 없지만, 교사에게 풍기는 어떤 느낌 등 이 모든 것들이 교사에게 다가와 그 말 한마디의 정도를 판단하기도 한다. 이처럼 교사와 학생은 끝없이 서로의 맥락을 만들어낸다. 이 맥락은 똑같이 찾을 수 없는 교사와 학생 사이의 유일한 것이며 '다름'으로 나타난다. 그리고 그 맥락은 교사를 교육과정 개발로 이끈다.

교사는 교육과정을 개발한다. 이 개발하는 과정에서는 교사의 '해석'이 필연적으로 동반한다. 이 해석에 바탕이 되는 것이 학생, 환경, 교사의 철학 등 교사와 학생이 만나면서 생겨나는 모든 것들이다. 일곱 개의 교사교육과정 이야기에서 볼 수 있듯이 교사는 의도적이든 본능적이든 늘 학생들이 갖는 모든 것들은 교사가 교육과정을 개발하도록 만든다. 그래서 교사는 늘 학생들에게 관심이 많다. 학생들이 갖는 작은 문제점이라도 해결해주려고 하고, 어려워하는 부분을 쉽고 재밌게 가르쳐주려 한다. 지나가다 무심코 본 물건을 수업에 활용할 수 있을까 고민을 하기도 하고 미세먼지나 미세플라스틱 문제 등을 만나게 되면 학생들과 함께 의미 있게 다뤄보고 싶은 생각도 든다. 어떤 특별한 선생님만 위와 같은 고민을 하는 것이 아니라 세상의 교사라는 존재는 위와 같은 교육과정적 고민을 하고 있다.

일곱 명의 교사들의 교육과정 이야기는 서로 다른 맥락 속에서 교사교육과정의 모습을 보여준다. 이 맥락은 교육과정 개발 요소인 출발점, 활동 유형, 크기가 서로 복잡하게 얽히며 교육과정의 의미를 만들어낸다. 이 이야기들은 우리 교사의 모습을 있는 그대로 담았다. 또한, 이 있는 그대로가 감정적으로 표현되기도 하고 논리적으로 표현되기도 한다는 것도 알 수 있다. 감정적이든 논리적이든 어떤 표현이 되었든 평범하고 일상적인 교사의 이야기다. 교육과정 개발은 그저 우리 교사의 일상적이고 평범한 수업 이야기 속에 숨어 있는 맥락들을 교육과정으로 표현한 것이다.

교육을 상상하는 것은 모두 아이디어지만 그 아이디어가 교육과정으로 표현될 때 교육이 된다고 한다. 교사교육과정은 교사와 학생의 아

이디어가 교육과정으로 표현된 교육의 모습이다. 일곱 명의 교사교육
과정 이야기는 교사와 학생의 맥락이 담겨 있다. 이 맥락은 서로 다른
목표, 내용, 방법, 평가 등을 만들었다. 이 모습은 어떤 교사의 특별한
모습이 아니다. 지금 이 순간에도 교실 속에서 교실 밖에서 늘 학생들
을 생각하고 학생들과 함께 수업을 고민하는 교사들의 삶이다. 이제 교
사교육과정으로 교사의 삶, 학생의 삶을 표현해보자.

3. 교육과정 개발자로 살아가는 교사

교사의 삶은 그 어떤 삶보다 매우 특별하다. 살아 숨 쉬는 존재들을 매일같이 함께할 수 있으니 말이다. 때로는 그 삶이 힘들고 지칠 때도 있지만 그래도 학생들과 함께여서 행복하다. 내 앞에 올망졸망 모여 있는 학생들의 몸짓을 볼 때면 웃음이 절로 나온다. 반대로 한 학생이 닭똥 같은 눈물을 흘리는 모습을 보면 그 얼마나 마음이 쓰린지 모른다. 교사는 가끔 '이 학생들에게 무엇을 해줄 수 있을까?'라는 고민에서 시작해 '내가 해줄 수 있는 것은 다 해주고 싶다'라는 생각으로 끝맺음이 있다.

세상 그 어떤 교사라도 학생을 잘 가르치고 싶고, 학생과 좋은 관계를 만들고 싶을 것이다. 뿐만 아니라 다양한 능력을 가져 학생들에게 다양한 경험도 만들어주고 싶다. 이 모든 것들이 교사에게 있으면 좋겠지만 그렇지 않기에 그나마 내가 해줄 수 있는 것들은 다 해주고 싶은 마음이 든다.

학생들은 교사를 어떻게 받아들일까? 이 질문에 대한 답을 생각하기 위해서 아마 대부분은 과거 자신이 만났던 선생님을 떠올려보는 것도 좋은 방법이다. 과거 나의 선생님의 특별한 능력이나 함께 했던 특별한 경험을 떠올릴 수도 있지만 아마 대부분은 선생님의 '느낌'을 기억할 것이다. 선생님이 나에게 주었던 그 느낌, 그 느낌 속에서 선생님과 함께 했던 일부가 머릿속에 떠오른다. 그 느낌은 어떤 말로 표현할 수 없지만, 자세히 들여다보면 어떤 맥락이 숨어 있다. 그 맥락이 선생님을 기억하게 하고 떠올릴 수 있게 한다. 이 맥락은 선생님의 말 한마디, 미소, 상황, 특별한 물건 등 선생님과 학생 사이에서 어떤 매개체에 의해 만들어진다. 선생님과 학생, 두 존재가 만나 어떤 매개체가 만들어지고 그 매개체에 의한 맥락을 만들며 살아간다.

학생의 배움은 교사와 학생이 만나며 시작되는 모든 것들이다. 때로는 순간적으로 느껴지는 분위기 하나가 아이들에게 배움이 될 수 있고, 의도치 않은 상황도 학생의 배움이 될 수 있다. 배움이 될 수 있다는 것의 의미는 배움의 소재가 될 수도 있고 배움을 이끌어가는 원동력이 될 수도 있으며 배움의 종착지가 될 수도 있다. 다시 말해, 교사와 학생이 만나며 시작되는 모든 것들이 교사의 교육과정 개발에 바탕이 된다.

교사라면 이 순간에도 늘 학생과 마주하는 상황에서 의사결정을 한다. 학생의 지나가는 말 몇 마디가 교육과정을 개발하는 출발점이 되기도 하고, 학생이 어려워하는 내용이 출발점이 되기도 한다. 어떤 사회적인 환경이 출발점이 되기도 한다. 그래서 교사는 늘 교육과정적 고민을 하는 존재이다. 이 의사결정은 직감적이면서 동시에 분석적이고 논리적으로 알아차릴 수 있는 존재가 그 의사결정을 가능하도록 하는데, 그 유일한 존재는 교사다. 교사는 그렇게 살아가고 있다.

아! 이번 시간에는 구름을 보며 다양한 모양을 찾아야겠다.

구름이 선생님의 콧구멍을 닮았어!

'어른들을 가르치는 유일한 존재는 아이들이다'라는 독일의 교육학자인 슈프랑어의 말처럼 교사교육과정을 개발하는 교사에게 늘 새롭게 아이디어와 원동력을 주는 것은 학생이다. 일곱 명의 교사들이 개발한 각각의 교육과정의 공통점은 교사가 만나는 학생이 밑바탕이 되었다는 것이다. 교육과정 개발의 출발점이 내용이라면 그 내용은 학생이 바탕이 되었고, 환경이라면 그 환경도 학생이 바탕이 되었다. 학생의 흥미나 언어도 그 바탕은 오롯이 학생이다.

학생을 바탕으로 교육과정을 개발하는 일은 교사만이 할 수 있는 일이다. 그리고 교사가 해야 하는 일이다. 왜냐하면, 그 바탕에는 늘 학생이 있기 때문이다. 이처럼 교육과정으로 살아가는 교사는 늘 학생과 함께했고, 함께하고, 함께할 것이다.

4. 교육과정 속에서 살아가는 학생

올 한 해, 함께할 담임선생님의 이름을 알아차리는 순간 학생들 사이에는 다양한 모습들이 펼쳐진다. 일 년이 기대되어 설레는 학생들도 있고 어떤 담임선생님이 되든 표정 변화가 없는 학생들도 있고, 안타까운 표정을 보이며 탄식하는 학생들도 있다. 이렇게 담임선생님 이름 하나만으로도 학생들은 다양한 모습을 보인다. 그 모습은 선생님이 계신 세계에 들어가기 전에 심호흡과도 비슷하다. 그 세계가 무엇인지는 주변에서 들었을 수도 있고 지나가다 무심코 본 모습에 고정관념이 생겼을 수도 있다. 학생은 6학년 1반이나 가람반과 같은 학급의 이름이 아닌 그 안에 숨어 있는 6학년 선생님의 교육과정을 생각한다. 이미 교사의 교육과정 세계에 들어갈 준비를 학생은 하고 있다.

학생들은 초등학교에 들어오면 1학년부터 6학년까지 많게는 6명의 담임 선생님을 만난다. 6년 동안 서로 다른 선생님에게서 다양하게 배우고, 같은 학년이라도 서로 다른 교육과정으로 배운다. 학생이 하고 싶거나 배우고 싶은 것을 교사에게 요구하기도 한다. 때로는 교사와 학생은 함께 교육과정을 개발하기도 하며 교사가 평소 잘하거나 관심 있는 주제로 교과 내용을 배운다. 학생들은 저마다 서로 다른 교사교육과정 안에서 다양하게 살아가는 삶을 배우는 것이다.

교사교육과정은 교사와 학생이 함께 살아가며 배우는 과정이다. 학생은 교사가 개발하는 교육과정 모든 곳에 존재한다. 다시 말해, 교사교육과정 안에는 학생에게 필요하거나 학생이 원하는 내용이 있고 학생이 처하거나 겪을 수 있는 환경도 있다. 또, 학생의 흥미나 관심도 교사교육과정 속에 필연적으로 존재한다.

학생들은 이미 교사를 알고 있고 느끼고 있다. 이제는 이 학생들에게 교사가 보답할 차례다. 그 보답은 전혀 어렵지 않다. 이미 교사가 해왔던 것들에 대한 맥락과 의미를 교사의 교육과정으로 드러내면 된다. 교사가 교육과정을 개발하고 실천하는 것이 학생들에 대한 보답이자 우리가 늘 걸어왔던 길이고 앞으로 가야 할 길이다. 이렇게 교사는 학생들과 교육과정으로 함께 살아가며 배운다.

참고문헌

교육부(2018). 초등학교 사회 4-1 교과서. 서울: 지학사.

교육부(2018). 초등학교 도덕 4 교과서. 서울: 지학사.

교육부(2015). 초·중등학교 교육과정. 교육부 고시 제2015-74호.

김재춘(2018). 학교의 미래, 미래의 학교. 서울: 미래엔.

김재춘, 배지현(2012). 플라톤과 들뢰즈 철학에서의 '문제'의 성격 탐색. 아시아교육연구, 13(1), 187-213.

김재춘 외(2017). 교육과정과 교육평가. 파주: 교육과학사.

백남진, 온정덕(2016). 역량 기반 교육과정의 이해와 설계. 서울: 교육아카데미.

성태제(2019). 교육평가의 기초. 서울: 학지사.

소경희(2017). 교육과정의 이해. 파주: 교육과학사.

에듀쿠스(2018). 교사 수준 교육과정. 서울: 북랩.

유성열, 정광순(2020). 교사의 교육과정 해석 요인 탐색. 초등교육연구, 33(3), 123-143.

이윤미 외(2015). 교육과정 마주하기. 서울: 살림터.

이한진 외(2020). 교사, 교육과정을 읽다. 서울: 미래가치.

이찬희, 정광순(2019). 찬희 샘, 구성차시를 만나다. 서울: 학지사.

정유진(2014). 지니샘의 행복교실 만들기. 서울: 에듀니티.

정유진(2015). 학급운영시스템. 서울: 에듀니티.

홍은숙 외(2016). 교육학에의 초대. 파주: 교육과학사.

황정규 외(2016). 교육평가의 이해. 서울: 학지사.

PISA(2019). PISA 2018 Results. Pairs: OECD.

Skilbeck, M. (1976). School-based Curriculum development and teacher education. Paris: OECD.

Stenhouse, L. (1980). Curriculum Research and the Art of the teacher. Curriculum, 1(1), 40-44.